W0059569

Thomas Ernst

# Popliteratur

eva wissen

Europäische Verlagsanstalt

# Inhalt

# Was ist Popliteratur?

**Die junge deutsche Literatur war in den letzten Jahren sehr erfolgreich. Immer wieder wird dafür auch die Popliteratur verantwortlich gemacht. Kritiker, Leser und Autoren streiten über deren Sinn und Qualität, ohne jedoch zu sagen, was Popliteratur eigentlich ist.**

## Zum aktuellen Boom der Popliteratur

»1. Pop ist immer Transformation, im Sinne einer dynamischen Bewegung, bei der kulturelles Material und seine sozialen Umgebungen sich gegenseitig neu gestalten und bis dahin fixe Grenzen überschreiten: Klassengrenzen, ethnische Grenzen oder kulturelle Grenzen. (...) 2. Pop hat eine positive Beziehung zur wahrnehmbaren Seite der sie umgebenden Welt, ihren Tönen und Bildern. (...) Die Revolte ergibt sich aus einem großen Ja (zu Leben, Welt, Moderner Welt), nicht aus einem Nein und einem Ja zur Utopie. (...) 3. Pop tritt als Geheimcode auf, der aber gleichzeitig für alle zugänglich ist.«

Diedrich Diederichsen, 1996

Seit etwa 1995 boomt die junge deutsche Literatur. Autoren wie Benjamin von Stuckrad-Barre, Alexa Hennig von Lange oder Benjamin Lebert haben den Status von Popstars erreicht, und ihre Bücher sind Bestseller. Selbst die Feuilletons der großen Zeitungen beschäftigen sich mit dieser erfolgreichen Literatur der »jungen Wilden«, die vor »Unbekümmertheit« strotzt (*Der Spiegel*). Immer wieder werden neue Texte mit der Bezeichnung Popliteratur gehandelt, denn sie hat mittlerweile in der Medienbranche einen hohen Stellenwert und garantiert Aufmerksamkeit, aber vor allem wird damit ein junges, kaufkräftiges Publikum angesprochen. In den Rezensionen oder Debatten bemüht sich jedoch kaum jemand darum, den Begriff zu definieren. Dies ist auch schwierig, da er in den vergangenen Jahren hauptsächlich als Etikett benutzt wurde, um Büchern ein jugendlich-frisches und aufmüpfiges Image zu geben und zu suggerieren, dass sie unterhaltsam und leicht lesbar seien.

## Zur Entwicklung der Popliteratur

Popliteratur hat ihren Ursprung im 20. Jahrhundert. Die Folgen von Industrialisierung, zwei Weltkriegen und Kaltem Krieg führten zu Zweifeln an aufklärerischen und humanistischen Werten. Damit stand auch der Sinn einer hochkulturellen, bürgerlichen Literatur in Frage. Diese Skepsis zeigte sich erstmals deutlich bei den Dadaisten, die nach dem Ersten Weltkrieg programmatisch die Sprache und alte literarische Formen zerstörten. Der amerikanische Medientheoretiker Leslie A. Fiedler war der Erste, der Ende der sechziger Jahre von einer »Pop-Literatur« sprach. Damit meinte er die Autoren der Beat Generation, die eine offene Literatur »von unten« schrieben, dachte aber auch an die Pop-Art, die Gebrauchs- und Alltagsgegenstände und Bilder von Popstars in die Museen brachte. Der aus der Musik stammende Begriff Pop verweist sowohl auf das Wort popular (=populär, bei der Masse beliebt) wie auch auf den Laut pop, der soviel wie Zusammenstoß, Knall bedeutet. Für die Literatur forderte Fiedler dementsprechend ihre Öffnung gegenüber der populären Kultur und ihre intensive Auseinandersetzung mit Fernsehen, Mode und Popmusik. Diese erste Popliteratur zeigte kleine Alltagsszenen, die Texte wurden mit Hilfe von Fotos, Collagen und Comics visualisiert.

Rolf Dieter Brinkmann war es, der Fiedlers Begriff 1968 in Deutschland einführte. Hier traf die Popliteratur auf eine ganz andere Stimmung, die – im Gegensatz zur amerikanischen Literaturszene – vor allem in der kapitalistischen Kulturindustrie eine Gefahr sah. Noch heute ist Deutschland das Land, in dem die Bezeichnung Popliteratur am meisten genutzt wird, um eine solche Literatur von der »ernsthaften« Literatur zu unterscheiden. Seit den sechziger Jahren gab es dennoch viele junge Autoren,

»Pop-Literatur lässt sich demnach (...) als eine Literatur über prä-fabrizierte Zeichensysteme beschrieben, als ein Arsenal von ›sekundären Texten‹ (Fiske). Es ist eine Literatur, die keine kulturkritische Anlage gegen die ausufernde Zeichenproduktion der populären Kultur erhebt, sondern diese als Ausgangsmaterial des literarischen Schreibens benutzt. (...) Pop-Literatur ist in diesem Sinne das Resultat einer Transformation der Literatur im Zeichen von Pop, sie entsteht an der Schnittstelle, an der die Pop-Signifikanten im literarischen Text neu kodiert werden.«
Jörgen Schäfer, 1998

Li.: Marcel Hartges, Martin Lüdke, Delf Schmidt (Hg.): Pop Technik Poesie. Die nächste Generation. Literaturmagazin No. 37, Rowohlt 1996

Re.: Tom Holert, Mark Terkessidis (Hg.): Mainstream der Minderheiten. Pop in der Kontrollgesellschaft, Edition ID-Archiv 1996

die aus Protest gegen ihre nationalsozialistische Vätergeneration einen Weg zur Befreiung in einer lustvollen, anarchistischen Popkultur suchten. In den siebziger und achtziger Jahren entwickelten sich daraus auch sprachkritische, satirische, ironische, dokumentarische Literaturen, die auf verschiedenen Wegen Fiedlers Impulse und die der französischen Postmoderne-Philosophen wie Michel Foucault oder Gilles Deleuze aufnahmen. Durchgängiges Motiv war, dass die Literatur ein subversives Spiel mit vorhandenen Zeichen und Texten sein müsse, eine Collage aus Zitaten, ein Sampling aus Vorhandenem, vergleichbar der aufkommenden DJ-Culture.

In den neunziger Jahren kippte der Begriff der Popliteratur. War er bislang das Programm einer Außenseiterszene, die sich auf die populäre Kultur bezog und daraus Versatzstücke für die eigene Identität ableitete, so ging nun der rebellische Gestus verloren. Popliteratur wurde zu einer Unterhaltungsdienstleistung innerhalb der Kulturindustrie, Synonym für eine Art »Easy Reading«. Das, was mal das Neue, Spannende oder Rebellische an der Popliteratur ausmachte, ist vergangen oder lebt fort in einzelnen Subkulturen – oder ist mit den Texten von Brinkmann, Fichte oder Vesper paradoxerweise schon wieder selbst zu einer Form von Hochkultur geworden.

Li.: Jörgen Schäfer: Pop-Literatur. Rolf Dieter Brinkmann und das Verhältnis zur Populärkultur in der Literatur der sechziger Jahre, M&P Verlag für Wissenschaft und Forschung 1998

Re.: Martin Büsser et al. (Hg.): testcard Nr. 7. Pop und Literatur. Beiträge zur Popgeschichte, Ventil 1999

## Zum Begriff der Popliteratur

Dieses Buch versteht unter Popliteratur eine literarische Entwicklungslinie, die sich im 20. Jahrhundert darum bemühte, die Grenze zwischen Hoch- und Populärkultur aufzulösen und damit auch Themen, Stile, Schreib- und Lebensweisen aus der Massen- und Alltagskultur in die Literatur aufzunehmen. Merkmale der Popliteratur zeigen sich beispielsweise in Texten, die in einfacher Sprache und realistisch aus dem Leben gesellschaftlicher Außenseiter berichten; die auf Songs und Phänomene der Popkultur verweisen; die wie ein Diskjockey Textzitate mixen; die ein kritisches Verhältnis zum hohen Ton der traditionellen Literatur haben und sich um neue, authentische Sprechweisen bemühen oder die Sprache in ihre Einzelteile zerlegen.

Das vorliegende Buch will in einem historischen Überblick zeigen, wie sich die verschiedenen Formen der Popliteratur bis heute entwickelt haben. Es versteht sich sowohl als eine Einführung für Leser, die einen ersten Einblick in die Popliteratur und ihre Werke gewinnen wollen, als auch als ein Beitrag zur aktuellen Popliteratur-Debatte, die nur selten eine historische Perspektive ergreift. Dabei geht es hier auch um die Einflüsse von Geschichte, Politik und Theoriedebatten auf die Popliteratur sowie um literarische Formen, die sich in ihrer Nähe bewegen. Besondere Beachtung findet die Frage, ob die jeweilige Popliteratur subversive Kräfte besitzt.

»Erst in den 90ern kann sich die Popliteratur als eigenes Segment im Literaturbetrieb etablieren. Die Protagonisten (...) verbindet (...) der eher indirekte Zugang zum Schreiben. Literatur stellt für die Popliteraten tendenziell ein sekundäres Medium dar; prägende Erfahrungen in der Sozialisation und in den ersten künstlerischen Versuchen macht man meist als Musiker, D(isc) J(ockey) oder einfach nur als Pop-Fan (...). Die Popliteratur (...) überlässt den schnelleren Medien den Vorteil der augenblickshaften Wirklichkeitsbeobachtung (und schnelleren Konsumierbarkeit) und zieht sich selber auf Sekundärbeobachtungen zurück.«
Dirk Frank, 2000

**Popliteratur ist Literatur, die sich der Massen- und Alltagskultur öffnet und damit die Idee einer guten und wahren bürgerlichen Hochkultur in Frage stellt. Ihre Inhalte und Formen haben sich jedoch im Laufe der Zeit gewandelt, von einer Literatur gesellschaftlicher Außenseiter ist Popliteratur zu einem Etikett der Unterhaltungsindustrie geworden.**

# Dadaismus

**Junge Künstler wurden durch den Ersten Weltkrieg des-
illusioniert über den bürgerlichen Humanismus und die
Ideale des Guten und Schönen. Sie setzten diesen eine
Antikunst und eine Literatur der Sprachzerstörung und
Formenzertrümmerung entgegen.**

## Kriegszerstörung, Kunstzerstörung: DADA Zürich

»Wir haben beschlos-
sen, unsere mannig-
faltigen Aktivitäten
unter dem Namen Dada
zusammenzufassen. Wir
fanden Dada, wir sind
Dada, und wir haben
Dada. Dada wurde in
einem Lexikon gefun-
den, es bedeutet nichts.
Dies ist das bedeutends-
te Nichts, an dem nichts
etwas bedeutet. Wir
wollen die Welt mit
Nichts ändern, wir wol-
len die Dichtung und
die Malerei mit Nichts
ändern, und wir wollen
den Krieg mit Nichts zu
Ende bringen. Wir
stehen hier ohne
Absicht, wir haben
nicht mal die Absicht,
Sie zu unterhalten oder
zu amüsieren.«

Richard Huelsenbeck, 1916

Von 1914 bis 1918 hatten die Krieg führenden Staaten im
Ersten Weltkrieg in einem bis dahin noch nicht gekann-
ten Ausmaß für Zerstörung, Tod und Leid gesorgt.
Dieser Krieg stellte die Funktion und den Effekt der
bürgerlich-humanistischen Kunst in Frage. Viele junge
Künstler wie Hugo Ball (1886–1927), Richard Huelsen-
beck (1892–1974), Hans Arp (1887–1966), Tristan Tzara
(1896–1963) und Marcel Janco (1895–1963) waren aus
Frankreich, Deutschland und Rumänien in die neutrale
Schweiz emigriert, um nicht (mehr) am Krieg teilneh-
men zu müssen. In Zürich gründeten sie 1916 das Cabaret
Voltaire, in dem sie gemeinsam Varieté-Abende gestalten
wollten. Doch die kleine Kneipe war von Beginn an viel
mehr als ein Ort der Unterhaltung, sie wurde der erste
Hort der Dada-Bewegung. Der internationale Zweisilber
Dada diente den Künstlern als Projektionsfläche künstlerischer Experimente, die vor allem auf die Provokation
des Publikums abzielten. Die Dadaisten ersetzten Planung durch Zufall, Konstruktion durch Destruktion,
bürgerliche Werte durch Nihilismus, Sinn durch Non-
sens, letztlich Kunst durch Antikunst. Sie hoben die
Grenzen zwischen Kunst und alltäglichem Leben auf
und entwickelten völlig neue Formen der Literatur und
ihres Vortrags. So hüllte sich Ball in ungewöhnliche
Kostüme und trug auf Laute reduzierte Gedichte vor
(»Jolifandro bambla o falli bambla«); Tzara, Janco und
Huelsenbeck schrien ein Simultangedicht ins Publikum,
das aus Silben, Geräuschen und Gejaule bestand; Huel-

senbeck schließlich machte Sportübungen, während er sein Lautgedicht vortrug, und nannte dieses folglich poème gymnastique. Diese antibürgerliche Kunstrevolte war Ausgangspunkt der Dada-Bewegung auch in anderen Städten wie Berlin, Köln, Hannover und Paris. Mit ihrer ästhetischen Radikalität, dem spielerischen Umgang mit Banalitäten des Alltags und ihren neuen Aktionsformen stießen die Dadaisten erst die Türen auf zu den Straßen, auf denen sich die Politeratur später abspielte.

»Dada heißt im Rumänischen Ja, Ja, im Französischen Hotte- und Steckenpferd. Für Deutsche ist es ein Signum alberner Naivität und zeugungsfroher Verbundenheit mit dem Kinderwagen.«
Hugo Ball, 1916

## Dada als politischer Protest: DADA Berlin

Deutschland kapitulierte 1918. Die Oktoberrevolution 1917 in Russland hatte vielen Intellektuellen die Hoffnung auf eine soziale Revolution auch in Deutschland gegeben, die jedoch niedergeschlagen wurde. Rosa Luxemburg und Karl Liebknecht wurden 1919 in Berlin ermordet, Ernst Toller und Erich Mühsam in München inhaftiert. Der Aufbau der Weimarer Republik zeigte

Anzeige von John Heartfield in: Neue Jugend 2, 1917

schnell, dass restaurative Kräfte die Oberhand behalten würden, die mit Hilfe des humanistischen Idealismus der Klassik einen Deutschnationalismus nährten.

1917 ging Richard Huelsenbeck von Zürich nach Berlin und traf dort auf George Grosz (1893–1959), Franz Jung (1888–1963) und andere junge Künstler. Huelsenbeck machte sie mit den Ideen der Züricher Dadaisten bekannt, so dass sich schließlich die Gruppe DADA Berlin formierte, die die dadaistischen Techniken erweiterte und politisch radikalisierte. Die Brüder John Heartfield (1891–1968) und Wieland Herzfelde (1896–1988) gestalteten Fotomontagen und setzten sie als wirksame politische Waffe ein. Das Spiel mit alltäglichen Gegenständen, Schlagzeilen, Zeitungen, Plakaten, Parolen, Postkarten und Flugblättern in Collagen wurde von ihnen und ihren Freunden weiterentwickelt. Raoul Hausmann (1886–1971) begründete diesen nur bedingt kreativen Umgang mit vorgefertigtem, zitiertem Material, indem er fragte: »Wozu Geist haben in einer Welt, die mechanisch weiterläuft?«

Johannes Baader (1875–1955) brachte den Dadaismus auf die Straße, indem er immer wieder für öffentliche Skandale sorgte. So erwiderte er auf die rhetorische Frage an die Gläubigen im Berliner Dom, was ihnen Jesus sei, die Worte: »Jesus Christus ist uns Wurscht!« Überhaupt verlegten die Berliner den Dadaismus aus den Clubs und Künstlerzirkeln mehr in die Öffentlichkeit, etwa durch die *Erste Internationale Dada-Messe*, die 1920 stattfand und einen Prozess wegen Beleidigung der Reichswehr nach sich zog, da sie u. a. eine ausgestopfte Soldatenuniform mit Schweinskopf zeigte.

Vergeblich um Aufnahme in die Berliner Gruppe bemühte sich der Hannoveraner Werbefachmann Kurt Schwitters (1887–1948), der dann einen eigenen MERZ-Dadaismus entwickelte. Seine Laut- und Nonsens-Gedichte waren voll von selbstparodistischen Brechungen, ihnen fehlte jedoch die politische Sprengkraft der Berliner Dadaisten.

lies: »rauf, runter, rauf, Pünktchen drauf«.
Kurt Schwitters: Das i-Gedicht, 1922

## Weiterentwicklungen:
## DADA New York, Surrealismus

Tristan Tzara brachte 1919 den Dadaismus nach Paris. Dort arbeitete er intensiv mit André Breton (1896–1966) und Louis Aragon (1897–1982) zusammen. Viele der wichtigsten dadaistischen Ideen wurden dabei von der surrealistischen Bewegung aufgenommen, deren erstes Manifest Breton 1924 verfasste, der sich im Wesentlichen auf die psychoanalytische Theorie von Sigmund Freud (1856–1939) stützte. Wenn das Unbewusste ein stark vernachlässigter Teil des gesellschaftlichen Lebens ist, dann sei es Aufgabe der Kunst, dem Unbewussten und seinen irrationalen Traumwelten ein Forum zu geben.

»SURREALISMUS, Subst., m. – Reiner psychischer Automatismus, durch den man mündlich oder schriftlich oder auf jede andere Weise den wirklichen Ablauf des Denkens auszudrücken sucht. Denk-Diktat ohne jede Kontrolle durch die Vernunft, jenseits jeder ästhetischen oder ethischen Überlegung.«
André Breton, 1924

Auch hier wird dem Wahren und Schönen der Zufall und ein nicht kontrollierter Schaffensprozess entgegengesetzt.

Exilierte europäische Künstler lebten von 1915 bis 1921 unter anderem auch in New York und begründeten dort den amerikanischen Dadaismus. Marcel Duchamp (1887–1968) entwickelte das Readymade, die Idee, dass Gebrauchsgegenstände dadurch zum Kunstwerk würden, dass der Künstler sie entdeckte und zum Artefakt erklärte. Mit ihm zusammen arbeiteten dort der US-Amerikaner Man Ray (1890–1976), der vor allem mit Fotografien experimentierte, und Francis Picabia (1879–1953). Alle drei kehrten nach Europa zurück, hinterließen in Amerika jedoch Werke und Ideen, ohne die die spätere Pop-Art nicht denkbar wäre.

MAN RAY
Paris, Mai 1924

**Der Dadaismus griff die Institution Kunst an und zerstörte die alten Bildungs- und Kunstideale. Er entwickelte eine visuelle Poesie, forcierte die künstlerische Auflösung der Sprache und löste die Grenze zwischen Hoch- und Alltagskultur auf.**

# Beat Generation

**In den fünfziger Jahren fanden sich in den USA die Autoren der Beat Generation zusammen, die mit zornigen Texten ihre Kritik am amerikanischen Traum artikulierten. Dabei schrieben sie in einer deutlichen Sprache über ihre Drogenerfahrungen, Sexualität und ihr Außenseitertum.**

## Lähmung und Aufbruch: McCarthy und Beat

»Ich sah die besten Köpfe meiner Generation zerstört vom Wahnsinn, ausgemergelt hysterisch nackt, / wie sie im Morgengrauen sich durch die Negerstraßen schleppten auf der Suche nach einer wütenden Spritze, / Hipster mit Engelsköpfen, süchtig nach dem alten himmlischen Kontakt zum Sterndynamo in der Maschinerie der Nacht, / die armselig und abgerissen und hohläugig und high wach hockten und rauchten im übernatürlichen Dunkel von Altbauwohnungen, in Jazz-Meditationen schwebend über dem Häusermeer der Städte (...).«

Allen Ginsberg, Howl, 1957

Amerika war siegreich aus dem Zweiten Weltkrieg hervorgegangen – allerdings um den Preis vieler Toter und der Atombombenabwürfe, die 1945 die japanischen Städte Hiroshima und Nagasaki zerstörten. Bis in die erste Hälfte der fünfziger Jahre war das geistige Klima stickig und unbeweglich. Bigotterie, wirtschaftlicher Wohlstand, Kalter Krieg sowie ab 1950 der Koreakrieg und der rigide Antikommunismus des Senators Joseph McCarthy sorgten für eine Stimmung der Langeweile und des Konformismus.

In dieser Atmosphäre erschien Jerome David Salingers (*1919) Roman *The Catcher in the Rye* (1951, dt. *Der Fänger im Roggen*), dessen jugendlicher Held Holden Caulfield nicht Mitglied einer konformistischen Gesellschaft werden will, aus seinem Internat ausbricht und auf eine Irrfahrt durch New York geht, dabei in verzweifelter Einsamkeit das hektische Treiben um ihn herum als entmenschlicht und leer empfindet. In Caulfields Beobachtungen und seiner überspitzten Jugendslang-Sprache konnten sich viele Jugendliche wieder finden.

Zur gleichen Zeit hatten sich bereits mit Allen Ginsberg (1926–1997), Jack Kerouac (1922–1969) und Neal Cassady (1926–1968) einige Protagonisten der so genannten Beat Generation (»beat« als Rhythmus des Jazz) in New York kennen gelernt. Gemeinsam mit William S. Burroughs (1914–1997), Lawrence Ferlinghetti (*1919) und Gregory Corso (*1930) bildeten sie die Achse der

später als Beatniks (Anspielung auf die russischen Sputniks im Weltall) bezeichneten Poeten, zu denen auch noch der Lyriker Michael McClure (*1932), John Clellon Holmes (1926–1988), Herbert Huncke (1915–1996), Peter Orlovsky (*1933), Gary Snyder (*1930) und Philip Whalen (*1923) gehörten. Die Beat-Poeten brachten der US-amerikanischen – und auch der europäischen – Literatur wesentliche neue Einflüsse. Sie befanden sich in einer Außenseiterrolle, lebten eine sehr freie Homo-, Bi- oder Heterosexualität, experimentierten mit Drogen, reisten ungebunden umher und befassten sich mit fernöstlicher Mystik; sie waren zum Teil schon in Psychiatrien gelandet, weil sie sich den amerikanischen Normen radikal verweigerten. Dennoch glaubten sie, den echten, besseren amerikanischen Patriotismus zu verkörpern, und verfassten aus dieser Haltung heraus eine harte und zornige Literatur in einem Kampf der Hassliebe um das wahre Amerika. Gegen den formalen Kanon der Hochkultur, der für sie eins war mit der apathischen und dekadenten Bourgeoisie, öffneten sie die Poesie und Prosa für einen freien, offenen, expressiven Ausdruck. Sie verwendeten Umgangssprache und obszöne Worte, als sei

»Amerika ich gab dir alles und jetzt bin ich nichts. / Amerika zwei Dollar siebenundzwanzig 17. Januar 1956. / Ich darf nicht querköpfig sein. / Amerika wann endet der Krieg unter Menschen? / Leck mich mit deiner Atombombe. / Ich fühl mich schlecht. Lass mich in Ruh. (...)«
Allen Ginsberg, America, 1957

dies in der amerikanischen Literatur schon immer so gewesen, schrieben oft unverhüllt über die eigenen Sex-, Drogen- oder auch Elendserfahrungen, was in dieser unverblümten Weise anziehend oder schockierend auf die Leser wirkte. Einige Bücher konnten erst nach Zensurprozessen veröffentlicht werden, was ihnen jedoch zusätzliche Werbung verschaffte. Richtungsweisend war, dass sich die Beatniks schon von 1955 bis 1957 in San Francisco bemüht hatten, ihre Texte im gemeinsamen Auftritt mit Jazz-Musikern vorzutragen. Sie brachten authentische Erfahrungen in ihre Literatur ein, die so mitunter dokumentarischen Charakter annahm. Die Beatniks suchten die Einheit von Kunst und Leben und nahmen damit das Lebensgefühl vorweg, das in den späten sechziger Jahren die Hippie-Bewegung kennzeichnen würde.

## Ginsberg

Die wichtigsten Werke der Beat Generation erschienen ab 1957, nachdem die Autoren von San Francisco in das New Yorker Viertel Greenwich Village gezogen waren. Mit einem Schlag wurde Allen Ginsberg berühmt: Die amerikanischen Behörden wollten die Auslieferung des Langgedichts *Howl* (dt. *Das Geheul*) verhindern. Der Text ist eine kraftvolle Anklage gegen die amerikanische

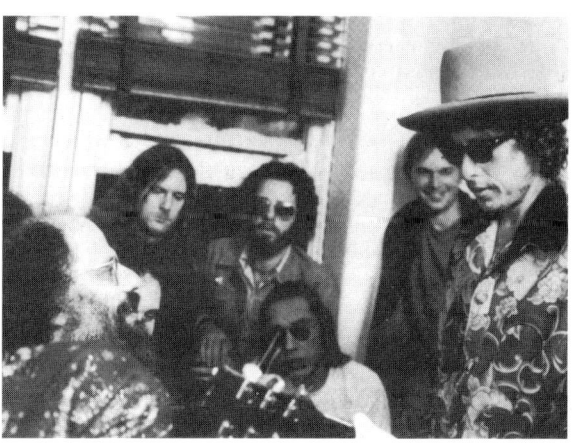

Allen Ginsberg (li.) und Bob Dylan (re.) in New York City, 22. Oktober 1975

Gesellschaftsordnung, angelehnt an die hot rhythms des Bebop und arrangiert aus spontanen Assoziationen. *Howl* wurde schließlich publiziert und traf den Nerv der Zeit: Es verkaufte sich in den kommenden Jahren über 250 000 Mal. Ginsberg blieb in *Kaddish and Other Poems* (1961, dt. *Kaddisch*) ein radikaler und polemischer Gegner der amerikanischen Gesellschaft und wurde während der sechziger Jahre ein prominenter und furchtloser Kritiker des Vietnamkriegs, prägte auch den Slogan von der »flower power«. Auf seinen zahlreichen langen Reisen durch Amerika, Europa und Asien entdeckte er mehr und mehr den Buddhismus für sich; seine späteren Texte waren ruhiger und standen stärker unter fernöstlichem Einfluss. 1975 vertonte er noch einmal zusammen mit Bob Dylan Balladen.

## Kerouac

Jack Kerouac erreichte mit seinem Reisebericht *On the Road* (1957, dt. *Unterwegs*) eine große Popularität. Er beschreibt autobiografisch ein unstetes Leben fernab der amerikanischen Werte von Sesshaftigkeit und geregeltem Arbeitsleben. Seine Figuren sind – wie er selbst – auf der Suche nach Intensität und Ekstase, nach Drogenerfahrungen, sexueller Offenheit und tiefsinnigen Gesprächen mit Gleichgesinnten. Insofern ist Kerouac ein Chronist der Beat-Autoren – hinter den Romanfiguren verbergen sich er selbst, Neal Cassady, mit dem er tatsächlich von 1949–1951 umherreiste, sowie William S. Burroughs. Kerouac legte Wert darauf, Gedanken und Ideen zu notieren, sobald sie aufkamen, und sprach deshalb von spontanem Schreiben (engl.: sketching). 1960 sagte er sich von den Beatniks los – später blieb sein Erfolg aus, und Kerouac starb mit 47 Jahren an den Folgen seines Alkoholismus.

## Burroughs

William S. Burroughs wurde bekannt durch seinen Drogenroman *Naked Lunch* (1959, dt. *Naked Lunch*), der die Erfahrungen eines Rauschgiftsüchtigen in den USA und

»Ich habe es nie bereut, dass ich Drogen genommen habe. Ich glaube, dass ich nach all den Jahren, in denen ich – mit gelegentlichen Unterbrechungen – auf Junk war, heute bei besserer Gesundheit bin, als ich wäre, wenn ich nie süchtig geworden wäre. (…) Mich hat der Umgang mit Junk so manches gelehrt. Ich habe gesehen, wie sich das Leben reduzierte auf Portionen von Morphiumlösung, die mit Augentropfen verabreicht wurden. (…) Vielleicht läuft darauf das ganze Lustprinzip hinaus: die Linderung irgendeines Durstes.«

William S. Burroughs, *Junkie*, 1953

Mittelamerika darstellt. In kühlem Ton berichtet er aus dem Milieu der Drogen und der Homosexualität und bricht dabei viele gesellschaftliche Tabus. Neben der harten Realität stellt er auch im Rausch Halluziniertes dar – Burroughs selbst schrieb das Buch größtenteils unter dem Einfluss harter Drogen. Schon als der Roman – wegen eines Zensurprozesses verzögert – 1962 in den USA erschien, hatte Burroughs einen Entzug hinter sich und wandte sich schließlich von den Drogen ab. Aber auch in seinen folgenden Texten wie *Nova Express* (1963, dt. *Nova Express*) blieb er noch dem Thema des psychischen Grenzgangs treu, bevor er schließlich 1971 in *The Wild Boys* (dt. *Die wilden Boys*) mehr mit der Anwendung der Montagetechnik des Films in einer eher klassisch erzählten Geschichte experimentierte. Burroughs gilt zudem als Erfinder der Cut-up-Technik, bei der eine Textseite in der Mitte längs gefaltet, zur Hälfte über eine andere gedeckt und dann quer über beide gelesen wird. Später verfuhr Burroughs auch ähnlich mit Tonbandaufnahmen. Menschenmassen sollten durch die Kombination bestimmter Töne und Geräusche zu unvorhergesehenen Handlungen gebracht werden. Dazu ließ Burroughs zerschnipselte »Sprachviren« wie Stottern, Versprecher, Sexgeräusche und hasserfüllte Stimmen von verschiedenen Recordern ablaufen. Das Ergebnis seien – so Burroughs – »Parks voll nackter irrsinniger Menschen, die scheißen, pissen, ejakulieren und schreien. So könnte ein bösartiger Virus wirken, der alle Selbstkontrolle ausschaltet, und das Ende wären Erschöpfung, Krämpfe und Tod.«

## Ferlinghetti, Corso und O'Hara

Lawrence Ferlinghetti fiel zunächst durch die Gründung seines Kleinverlags City Lights Books auf, der Ende der fünfziger Jahre zum Vorbild vieler kleiner Verlage in Amerika wurde. In seinem wichtigsten Buch *A Coney Island of the Mind* (1958, dt. *Ein Coney Island des inneren Karussells*) ist den Gedichten zumeist eine für die Jazzbegleitung kompatible Sprechrhythmik eigen. Auch

Ferlinghetti versuchte, umgangssprachliche Obszönitäten in seine Gedichte einzubringen und so die Lyrik zurück in den Alltagsdiskurs zu holen. Noch bis in die neunziger Jahre blieb er ein kritischer Betrachter des politischen Lebens. Damit stand er im Gegensatz zu seinen Gefährten, die zunehmend in mystische Sphären abtauchten, wie z.B. Gregory Corso, der von einem zornigen Polemiker zu einem metaphysisch-romantisch Gläubigen an die Macht seiner eigenen Gedichtsprache wurde.

Frank O'Hara liest bei einer Benefiz-Veranstaltung für den Totem-Verlag. Im Hintergrund (von li.): Ray Bremser, LeRoi Jones und Allen Ginsberg, ca. 1959.

Ein wichtiger Autor im Umfeld der Beat-Literaten war Frank O'Hara (1926–1966). Er wollte die Lyrik aus formaler Erstarrung und akademischer Vereinnahmung befreien, indem er sie für Techniken von Radio, Film, Fernsehen und Theater öffnete, vergleichbar den freien Jazz-Improvisationen und der Aktionsmalerei. O'Hara machte den Akt der Komposition selbst sichtbar, ließ Bildsequenzen des Großstadttrubels wie in einem Film ineinander laufen oder bei schneller Schnitttechnik aufeinander prallen. Diese Ästhetik des Schreibprozesses zeigt sich deutlich in seinen *Lunch Poems* (1964, dt. *Lunch Poems und andere Gedichte*), die den Eindruck flüchtiger Gelegenheitsgedichte vermitteln.

**Literarisch schufen die Beatniks eine Underground-Ästhetik gegen die Hochkultur, verfassten in jazzigem Ton umgangssprachliche und tabulose Texte. Mit ihren Werken kämpften sie gegen die amerikanische Lethargie und bereiteten den Hippies den Weg.**

# Im Umfeld der Beat Generation

**Die Kraft der Beat Generation strahlte auch aus auf andere Autoren und Gruppen, die sich als Außenseiter oder Unterdrückte fühlten. Sie nutzten die formale Offenheit und den zornigen Ton der Beat-Literatur für Erfolgs- oder Protestliteratur.**

## Außenseiter und Comics

»Ein neuer Geist hat sich erhoben. Wie die Straßen von Watts brennen auch wir *mit* der Revolution. Wir fallen über eure Götter her. Wir singen von eurem Tod. Vernichtet die Museen. Unseren Kampf könnt ihr euch nicht an die Wände hängen. Lasst das Vergangene unter den Hammerschlägen der Revolute zusammenbrechen. Die Guerilla, die Schwarzen, die Männer der Zukunft – wir alle sind euch auf den Fersen. Zum Teufel mit eurer Kultur, eurer Wissenschaft, eurer Kunst. Welchem Zweck dienen sie denn? Euer Massenmord lässt sich nicht verbergen. Der Industrielle, der Bankier, die Bourgeoisie mit ihren unbegrenzten Ansprüchen und Ihrer vulgären Gesinnung stapeln weiter Kunstwerke auf, während sie die Menschheit abschlachten.«

Black Mask New York, 1969

Es gibt noch einige weitere Literaten, die zwar nicht unbedingt einen engen Kontakt zu Ginsberg, Burroughs, Kerouac und Cassady hatten, deren Werke jedoch eine enge Verwandtschaft zu denen der Beat Generation aufweisen. Charles Bukowski (1920–1994) lebte als sehr eigenwilliges Unikum. Er brachte die Unterdrückung und Verzweiflung des Individuums unbeschönigt und mit einer von bürgerlichen Kritikern als obszön bezeichneten Sprache zum Ausdruck. 1959 erschien sein erster Lyrikband *Flower, Fist and Bestial Wail*, der ihm den literarischen Durchbruch brachte. Aber obwohl er über fünf Millionen Bücher verkaufen konnte, blieb er ein Außenseiter, wobei er später – wie in *Post Office* (1971, dt. *Der Mann mit der Ledertasche*) – eher ironisch und witzig über die Kunst des Lebens als Verlierer nachdachte.

Der Schotte Alexander Trocchi (1925–1984) verfasste mit *Cain's Book* (1960, dt. *Kains Buch*) ein Pendant zu Burroughs *Naked Lunch*. Ken Kesey (*1935) griff in *One Flew Over the Cuckoo's Nest* (1962, dt. *Einer flog über das Kuckucksnest*) die amerikanische Gesellschaft am Beispiel einer Psychiatrie an; er wurde später zu einem bekannten Mitglied der Hippie-Bewegung. Außerdem zeigte sich in den Comics von Joe Brainard (1942–1994) oder auch in *Fritz the Cat* (1965, dt. *Fritz the Cat*) von Robert Crumb (*1943) ein viel offeneres Zusammenspiel von Text, Story und Zeichnungen.

## Weiterentwicklungen des literarischen Beats

In den sechziger Jahren verwandelte sich die literarische Landschaft in den USA: Zahlreiche Kleinverlage entstanden, in vielen Städten entwickelte sich ein literarischer Underground. Es wurde zunehmend gesellschaftlich akzeptiert, offen über Sexualität und Drogen zu schreiben, die

LeRoi Jones, später Imamu Amiri Baraka, um 1960

Hippie-Bewegung entstand, Happenings fanden statt, in denen die Trennung zwischen Publikum und Spiel, Kunst und Alltag aufgehoben wurde. Während die Beat-Autoren sich von zornigen Polemiken ab- und eher ruhigen und mystischen Betrachtungen des Lebens zuwandten, lebte ihr scharfer Ton fort in den Texten der Anti-Vietnamkriegs- und der Frauenbewegung sowie vor allem in der Lyrik der schwarzen Bürgerrechtsbewegung. Menschen, die in den USA rassistisch diskriminiert und unterdrückt wurden, nutzten das Selbstbewusstsein der »weißen Außenseiter« und verknüpften deren Schreibweise mit Elementen der eigenen Musik, des eigenen Slangs und der eigenen Themen. LeRoi Jones (*1934) lebte im Umfeld der Beat-Autoren, nannte sich jedoch seit dem Mord an Malcolm X (1965) Imamu Amiri Baraka, verließ seine weiße Frau und wandte sich muslimisch-kommunistischen Gruppen zu, die radikal für die Rechte der Schwarzen kämpften. 1964 gründete er in Harlem das New Lafayette Theatre und schuf eine »schwarze Ästhetik und Sprache«.

»Wir wollen ein schwarzes Gedicht. Und eine / schwarze Welt. / Lass die Welt ein schwarzes Gedicht sein. / Und lass alle Schwarzen dieses Gedicht sprechen / still / oder LAUT.«

Imamu Amiri Baraka, Black Art, 1965

**Viele Beatniks suchten in den sechziger Jahren individuelle und politische Befreiung in mystischen Welten. Ihr zorniger Ton lebte aber weiter in der amerikanischen Protestlyrik der Hippie-Zeit sowie in der schwarzen Subkultur.**

# Postmoderne und Pop-Art in Amerika

**Die neuen Medien – allen voran das Fernsehen – förderten eine neue Wahrnehmung und damit auch eine neue Kunst. In Amerika entwickelten Marshall McLuhan und Leslie A. Fiedler erste Medientheorien der Postmoderne, während die Pop-Art die Kunst revolutionierte.**

## Amerikanische Medientheoretiker

»So genannte Hohe Kunst auf Vaudeville- und Burleskenniveau herunterzuschrauben zu einem Zeitpunkt, da Massenkunst ohne Ehrfurcht die Museen und Bibliotheken erobert, ist ein politischer und ästhetischer Akt zugleich, ein Akt, der den Klassen- und Generationsunterschied überbrückt. Die Vorstellung von einer Kunst für die ›Gebildeten‹ und einer Subkunst für die ›Ungebildeten‹ bezeugt den letzten Überrest einer ärgerlichen Unterscheidung innerhalb der industrialisierten Massengesellschaft, die nur einer Klassengesellschaft zustünde. Weil Pop-Art weiterhin wie seit Mitte des 18. Jahrhunderts gegen jene anachronistischen Überbleibsel Krieg führt, ist sie subversiv, ungeachtet ihrer erklärten Hierarchien, weil sie wider die Ordnung ist.«
Leslie A. Fiedler, 1968

In den sechziger Jahren wurde die erste Generation erwachsen, die ihre Jugend mit dem Fernsehen verbracht hatte. Der Kanadier Marshall McLuhan (1911–1980) trat als erster wichtiger Medientheoretiker hervor. In seinen Büchern The Gutenberg Galaxy: The Making of Typographic Man (1962, dt. Die Gutenberg-Galaxis: Das Ende des Buchzeitalters) und Understanding Media: The Extensions of Man (1964, dt. Die magischen Kanäle: Understanding Media) entwarf er eine Theorie der Kommunikationsmedien und Populärkultur. McLuhan beschrieb den entscheidenden Übergang von der Gutenberg-Galaxis (Erfindung des Buchdrucks im 15. Jahrhundert) zu den neuen Medien wie Telegraf, Telefon, Fotografie, Radio, Film und Fernsehen, später kamen noch Computer und Internet hinzu. Diese Medien böten den Menschen die Chance, die Geborgenheit des »global village« zu erlangen und sich wieder als eine Menschheit zu begreifen. Die neuen Medien seien somit Erweiterungen des menschlichen Nervensystems. In diesem Sinne ist auch sein berühmter Satz »The medium is the message« zu begreifen. Damit legitimierte er jedoch nicht nur indirekt sämtliche Inhalte der Medien, sondern machte sich auch blind gegenüber den kulturimperialistischen Tendenzen der großen amerikanischen Medienkonzerne.

Einen anderen Weg im Umgang mit der neuen Medienwelt wählte der Literaturwissenschaftler Leslie A. Fiedler

(*1917), der den Begriff der »Postmoderne« in die Medientheorie einführte und als Erster vor diesem Hintergrund die literarischen Veränderungen durch die Beat Generation untersuchte. Der Graben zwischen Hoch- und Subkultur müsse geschlossen werden, die Texte von Ginsberg, Burroughs, Kesey und anderen hätten gezeigt, dass eine antirationale, pornografische und an den Medienphänomenen orientierte Literatur diejenige der Zukunft sei, die eben nicht mehr an die Wahrheit und die Macht der Vernunft und Hochkultur glaube. In der Pop-Art, also der Eroberung der Museen durch die Massenkunst, sah er die Überwindung der Grenze von Hoch- und Alltagskultur – einen Schritt in die »Postmoderne« (post, lat.: nach). Fiedler war auch der erste Kritiker, der von einer »Pop-Literatur« sprach. Vor allem durch die Vorträge, die er 1968 in Freiburg hielt, wurde er zum einflussreichsten Theoretiker seiner Zeit von Popliteratur und Postmoderne in Deutschland und machte diese

»Was Sie meines Erachtens nicht verstehen, (...) ist die Tatsache, dass Massenkultur in jeder Gesellschaft subversiv wirkt. (...) Wenn man gesellschaftliche Verhältnisse verändern will, muss man meiner Meinung nach die Träume der Menschen verändern. Und Träume kann man nicht mit der Vernunft verändern, auch wenn sie dabei eine Rolle spielen kann. Die Träume der Menschen verändert man, indem man ihr Unterbewusstsein berührt und ihnen radikale Antworten anbietet.«
Leslie A. Fiedler, 1968

Titelzeile des Aufsatzes »cross the border, close the gap« (dt. »Überquert die Grenze, schließt den Graben«) von Leslie A. Fiedler, erstmals veröffentlicht 1968 im Playboy. Zeichnung von Karl Wirsum

Begriffe hier bekannt. Die dazugehörige Kunst und Kultur existierte hier allerdings nur in Ansätzen – bezogen auf Deutschland waren Fiedlers Thesen also mehr Forderungen und Projektionen als Beschreibungen der Realität.

## Pop-Art

In den USA sah dies anders aus. In der Beat Generation und in der Pop-Art griffen Künstler die Vormacht der Hochkultur an. Die Pop-Art aktualisierte Ideen des Dadaismus. Robert Rauschenberg (*1925) und Jasper Johns (*1930) nahmen um 1955 in New York das Readymade-Konzept wieder auf. Sie benutzten banale Objekte des Alltagskonsums und verfremdeten oder kombinierten sie – Verfahren, die Fiedlers Gedanken von Popliteratur entsprachen. Die Pop-Art wurzelte in der städtischen Umgebung und entlehnte Motive dieser Welt, die fernab des eigentlichen Kunstbetriebs existierten, wie z.B. Werbung, Verpackungen, Fernsehen, Gebrauchsgüter oder Nahrungsmittel. Damit betonte sie den Warencharakter der Kunst und setzte sich in kritische Distanz zu den Gegenständen. Zugleich riss sie damit die Mauer zwischen elitärer Hoch- und populärer Massenkultur ein. Insiderwissen war nun nicht mehr wichtig für den Kunstgenuss, und gerade dies rief bei jungen Leuten ein neues Interesse an der Kunst hervor. Das ermöglichte der Kunst ein Überleben gegenüber der Konkurrenz durch die Bildmedien,

Roy Lichtenstein: Good Morning, Darling, 1964

die den Alltag der Massen zu beherrschen begannen, während die Künstler nun die medialen Bilderfluten in ihre eigenen Arbeiten integrierten. Der Künstler war ihnen gegenüber nicht mehr kreativer Neuschöpfer, sondern ordnete nur noch bereits Vorhandenes an. Die Suche nach einer eigenen Identität wurde ersetzt durch das Spiel mit Identitäten.

Die bis heute bekanntesten Pop-Art-Künstler, Roy Lichtenstein (1932–1998) und Andy Warhol (1928–1987), arbeiteten in den sechziger Jahren an der Weiterentwicklung der neuen Richtung in New York. Lichtenstein verwandte Reklamen und Comicstrips als Vorlagen seiner Bilder, durch ihre Auflösung in Rasterpunkte vermittelte er den Eindruck des Druckprozesses und vermied eine persönliche Handschrift. Warhol sammelte in seiner Art Factory auch Musiker und Filmemacher um sich. Er nutzte zumeist Motive von bekannten Markenartikeln (Cola-Flaschen, Campbells Suppen), prominenten Stars (Elvis Presley, Marilyn Monroe, Johann Wolfgang von Goethe) oder vertrauten Gegenständen (Dollarnoten, Zeitungen). Durch die serienmäßige Produktion seiner Bilder – oft per Siebdruck – und ihre Vervielfältigung zeigte er ironisch ihre Funktion als Waren. Später produzierte Warhol auch Filme, in denen er z. B. einen Schauspieler mehrere Stunden schlafen ließ – seiner Meinung nach wollten die meisten Kinobesucher ohnehin nur den Star sehen. Warhol verfasste viele Bücher, die allerdings immer von anderen nach Tonbandprotokollen oder Gesprächen niedergeschrieben wurden; er hat keinen einzigen Satz selbst geschrieben. So gab Pat Hackett Warhols *Diaries* heraus, in denen ein Mann aus seinem Leben berichtete, der sagte: »Wenn ihr alles über Andy Warhol wissen wollt, braucht ihr bloß auf die Oberfläche meiner Gemälde und Filme zu sehen: Das bin ich. Dahinter versteckt sich nichts.«

»Pop wurzelt in der urbanen Umgebung, und nicht nur das, Pop befasst sich mit speziellen Aspekten dieser Umgebung, Aspekten, die aufgrund ihres kulturellen Niveaus zunächst als Kunstinhalte unmöglich erscheinen: Comics und illustrierte Zeitschriften, Werbung und jede Art von Verpackung; populäre Unterhaltung wie Hollywood-Filme, Popmusik, Rummelplätze und Vergnügungsviertel, Radio und Fernsehen; langlebige Gebrauchsgüter, allen voran Kühlschränke und Autos; Autobahnen und Tankstellen; Nahrungsmittel, vor allem Hot Dogs, Eis und Torte, und schließlich Geld.«
Simon Wilson, Pop-Art, 1974

**McLuhan, Fiedler und Warhol sorgten mit ihren Theorien oder Werken dafür, dass sich die Kunst der Fernseh-, Musik- und Lifestyle-Welt öffnete. Diese Entwicklung beinhaltete sowohl eine kritische Ironisierung als auch die indirekte Verherrlichung der Massenkultur.**

# Postmoderne in Frankreich

**Französische Theoretiker der Postmoderne begriffen
Wissen und Wahrheiten nur noch als Konstrukte und
Texte als Material, mit dem gespielt werden könne.
Diese Ideen ähnelten der Schreib- und Denkweise vieler
Popliteraten und -theoretiker.**

## Das postmoderne Wissen, der Tod des Autors, die Lust am Text

»Ein Ausweg für die Sprache, für die Musik, für das Schreiben. Was man gemeinhin Pop nennt – Popmusik, Pop-philosophie, Pop-literatur: Wörterflucht. Vielsprachigkeit in der eigenen Sprache verwenden, von der eigenen Sprache kleinen, minderen oder intensiven Gebrauch machen, das Unter-drückte in der Sprache dem Unterdrückenden in der Sprache ent-gegenstellen, die Orte der Nichtkultur, der sprachlichen Unter-entwicklung finden, die Regionen der sprach-lichen Dritten Welt, durch die eine Sprache entkommt, eine Ver-kettung sich schließt.«

Gilles Deleuze/Félix Guattari, Kafka. Für eine kleine Literatur, 1975

Jean-François Lyotard (\*1924) verhalf mit seinem Text *La condition postmoderne* (1979, dt. *Das postmoderne Wissen*) dem Begriff der Postmoderne in Europa zum Durch-bruch. Er stellte fest, dass seit dem Zweiten Weltkrieg massive Veränderungen in Kommunikation, Wissen-schaft und Technik der hoch entwickelten Gesellschaf-ten stattgefunden hätten, und entwickelte daraus die Utopie eines frei verfügbaren Wissens für alle Menschen. Die Grenzen zwischen Wissen und Nichtwissen könn-ten so überwunden und Bildungsunterschiede aufgelöst werden. Lyotard versuchte damit, verschiedene vernunft-kritische Theorien in der französischen Philosophie zu-sammenzufassen. Wahrheiten seien, so knüpften Michel Foucault (1926–1984) und Gilles Deleuze (1925–1996) an Friedrich Nietzsche (1844–1900) an, immer konstru-iert, und nach Holocaust, Atombomben und Overkill-Gefahr im Kalten Krieg könne der Glaube an den Segen aufklärerischer Vernunft nicht länger aufrechterhalten werden.

Foucault analysierte Diskurse, also die gesellschaft-lich-historische Produktion von Wahrheiten, und ent-deckte in der Literatur eine gegendiskursive Kraft, die geeignet sei, die gesellschaftliche Macht zu unterwan-dern. Dazu müsse sie jedoch Elemente der herrschenden Diskurse aufnehmen und ironisch umdrehen. Deleuze und Félix Guattari (1930–1994) beschrieben in *Kafka: pour une littérature mineure* (1975, dt. *Kafka. Für eine kleine*

Literatur) eine Möglichkeit, die herrschende Sprache subversiv zu verwenden und sie gleichzeitig aus der Perspektive der Außenseiter zu verfremden. Kafka, der als Jude im tschechischen Prag deutschsprachige Literatur verfasste, die der Eindeutigkeit des herrschenden Deutsch entgegenstand, sei ein gutes Beispiel für eine solche »kleine Literatur«, in der Klein-Werden heißt, sich die Sprache der Mehrheit anzueignen, mit ihr jedoch etwas Neues zu produzieren.

Der Autor als kreatives Subjekt verlor seine Autorität, seine Herrschaft. Die Produktion des Textes, so Michel de Certeau (1925–1986), liege nicht auf der Autoren-, sondern auf der Leserseite, die mit den Zeichen des Textes spielen müsse. Roland Barthes (1915–1980) sowie Foucault in seinem Vortrag *Qu'est-ce qu'un auteur?* (1969, dt. *Was ist ein Autor?*) zerstörten die Idee vom Schriftsteller-Subjekt, erklärten den Tod bzw. das Verschwinden des Autors, da letztlich nur das gesellschaftlich-historische Wissen durch die »Funktion des Autors« sprechen könne. Der Autor sample sozusagen in seinen Romanen nur schon vorhandenes Wissen, wie ein Discjockey die vorliegenden Platten. Foucault schlug 1980 ein Spiel vor: das des »Jahres ohne Namen. Ein Jahr lang würde man Bücher ohne Autorennamen veröffentlichen. Die Kritiker hätten mit einer rein anonymen Produktion klarzukommen.«

Barthes untersuchte in *Mythologies* (1957, dt. *Mythen des Alltags*) nicht mehr die Hoch-, sondern die populäre Alltagskultur, um Schlüsse über die Gesellschaft zu ge-

Das Treffen der französischen Philosophen (von li. nach re.): Michel Foucault, Jacques Lacan, Claude Lévi-Strauss und Roland Barthes. Karikatur von Maurice Henry, 1967

»Ob es sich nun um eine Zeitung handelt oder um Proust, der Text bekommt seine Bedeutung nur durch die Leser; er verändert sich mit ihnen; er wird nach Wahrnehmungscodes gegliedert, die ihm selber nicht geläufig sind. (...) Der Leser ist (...) auf sein eigenes Karnevalstreiben abgefahren, das das Vielgestaltige und die Differenz in das Schriftsystem einer Gesellschaft und eines Textes einführt. Er ist somit ein schwärmerischer Autor.«

Michel de Certeau, Kunst des Handelns, 1987

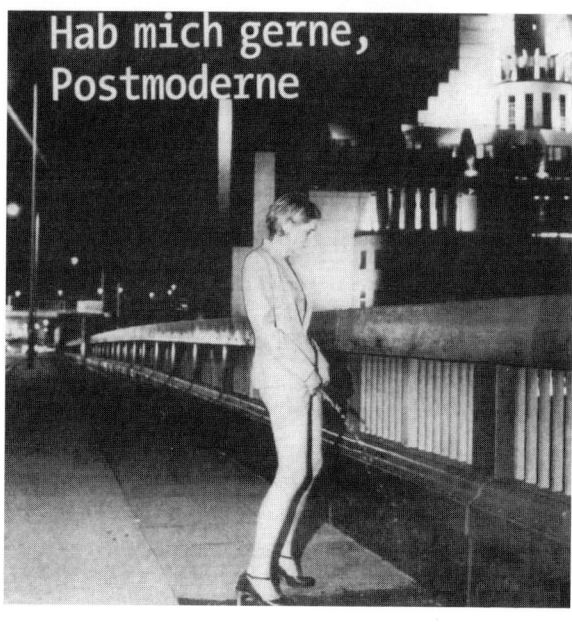

Hab mich gerne,
Postmoderne

winnen. In *Le plaisir du texte* (1973, dt. *Die Lust am Text*)
bekannte er sich zu den vielfältigen Wahrnehmungs-
möglichkeiten, der Text sei ein Körper und solle als solcher sinnlich wahrgenommen werden. Die Texte seien
nicht Konsum-, sondern Produktionsmittel.

Die theoretischen Erklärungen von Foucault und
Barthes entsprechen der Schreibweise von Popautoren,
die in ihren Texten oft Anspielungen, Codes und Elemente der populären Kultur nutzen.

### Dekonstruktion als sozialer Widerstand

Die Theorien von Dekonstruktion oder spielerischer
Subversion von Begriffen wirkten tief hinein in verschiedene politisch aktive Gruppen und Subkulturen.
So bereicherten Luce Irigaray (*1930) und Julia Kristeva
(*1941) ab den siebziger Jahren sowie später Judith Butler
(*1956) den Feminismus, indem sie ihn mit neuen postmodernen Theorien zusammenbrachten. Die daran an-
knüpfenden Gender Studies eröffneten einen neuen Weg

für den Feminismus wie auch für feministische Literatur. Butler entwickelte in *Gender Trouble* (1990, dt. *Das Unbehagen der Geschlechter. Gender Studies*) spielerische und subversive Konzepte, die Geschlechterkategorien aufzulösen, um damit zugleich auch die dahinter verborgenen Zuschreibungen und Machtstrukturen in Frage zu stellen. So seien die biologischen (engl.: sex) und kulturellen (engl.: gender) Geschlechterkategorien immer schon kulturelle Konstrukte und Zuschreibungen. Jenseits der Extrempole »Mann« bzw. »männlich« und »Frau« bzw. »weiblich« gebe es aber viele transsexuelle und travestiehafte Zwischenbereiche.

Das Birmingham Center for Contemporary Cultural Studies unter Stuart Hall (*1932) untersuchte bereits 1976 in *Working Class Youth Culture* u. a. die Organisation und Struktur von Jugendkulturen und entdeckte bei den an der Popkultur orientierten Jugendlichen eine gegenkulturelle Position, aus der heraus sie die herrschenden Geschlechts-, Herkunfts- und Sexualitätskategorien aufzubrechen begannen. Eine breit geführte Diskussion, die sich in vielen Aufsätzen und neuen Popzeitungen niederschlug, fragte in den achtziger Jahren nach der subversiven Wirkung verschiedener Szenen, Musikstile, Kunst- und Literaturrichtungen.

In Deutschland fanden solche Diskussionen insbesondere in der Musikzeitschrift *Spex* statt. Den theoretischen Hintergrund lieferten vor allem Foucault und Deleuze, daneben auch kritische Theoretiker wie Theodor W. Adorno, Herbert Marcuse und Walter Benjamin, wichtige Autoren der Debatte waren Diedrich Diederichsen (*1957) und im Hintergrund der US-Amerikaner Greil Marcus (*1945).

»Die kulturellen Konfigurationen von Geschlecht und Geschlechtsidentität könnten sich vermehren, oder besser formuliert: ihre gegenwärtige Vervielfältigung könnte sich in den Diskursen, die das intelligible Kulturleben stiftet, artikulieren, indem man die Geschlechter-Binarität in Verwirrung bringt und ihre grundlegende Unnatürlichkeit enthüllt.«

Judith Butler, Das Unbehagen der Geschlechter. Gender Studies, 1990

**Indem die Idee von Wahrheit als einem feststehenden Kanon aufgelöst wurde, eröffneten die Dekonstruktivisten neue Wege für die Gegenkulturen. Spielerisch gingen nun linke Gegenkulturen mit den Diskursen der Macht um und versuchten, Geschlechts-, Rassen- und Unterdrückungskategorien aufzulösen.**

# Literaturdebatten in Deutschland

In der BRD hatten sich nach dem Holocaust eine neue humanistische Literatur und eine avancierte Ästhetik entwickelt. Daher interessierten sich zunächst nur wenige für Fiedlers Plädoyer, dass man Inhalte und Formen der Kulturindustrie in die Literatur aufnehmen solle.

## Literatur nach Auschwitz, die Kulturindustrie und der Tod der Literatur

»Kunst heißt nicht: Alternativen pointieren, sondern, durch nichts anderes als ihre Gestalt, dem Weltlauf zu widerstehen, der den Menschen immerzu die Pistole auf die Brust setzt.«
Theodor W. Adorno, Engagement, 1962

»Wenn es mir ganz flau zumute ist, fürchte ich, es ändere sich überhaupt nichts, als dass sich die Klassizismus-Päpste jetzt umkleiden in Pop-Päpste. Marktgesetzen gehorchend.«
Martin Walser, Mythen, Milch und Mut, 1968

Es ist kein Zufall, dass die Idee der Popliteratur in Deutschland zunächst kaum beachtet wurde, denn hier gingen oppositionelle ästhetische Entwicklungen nach dem Zweiten Weltkrieg in eine andere Richtung. Vor allem Theodor W. Adorno (1903–1969) hatte sich intensiv mit der Frage befasst, welche Konsequenzen der Zivilisationsbruch Holocaust für die Kunst und das Denken haben müsse. In der *Dialektik der Aufklärung* (1947, mit Max Horkheimer) schrieb er der Kulturindustrie, und damit gerade der populären Kultur, eine Mitschuld am Nationalsozialismus zu, da sie die Menschen konformistisch und irrational gemacht habe. Er forderte dagegen eine reflektierte und avancierte Kunst, die sich intensiv mit der Frage auseinander setzen müsse, ob, und wenn ja, wie man nach Auschwitz überhaupt noch Literatur schreiben könne.

Der Literaturbetrieb in Deutschland wurde in den fünfziger und sechziger Jahren bestimmt durch die Gruppe 47, der neben den Literatur-Nobelpreisträgern Heinrich Böll (1917–1985) und Günter Grass (*1927) noch andere der einflussreichsten Nachkriegsautoren, -lektoren und -kritiker angehörten. Die Vertreter der Gruppe 47 begründeten den literarischen Humanismus in Deutschland neu und prägten damit das literarische Klima entscheidend – die Postmoderne war kein Thema.

Während Fiedler 1968 seine Thesen auch in Deutschland veröffentlichte, debattierten Hans Magnus Enzensberger (*1929), Walter Boehlich (*1921) und Karl Markus Michel (1929–2000) in der linken Kulturzeitschrift *Kursbuch* (Nummer 15, 1968) über den Tod der Literatur und die Notwendigkeit einer Kulturrevolution. Enzensberger hielt alleine noch dokumentarische Texte wie jene von Günter Wallraff (*1942) oder die Kolumnen von Ulrike Meinhof (1934–1976) für politisch nützliche Literatur.

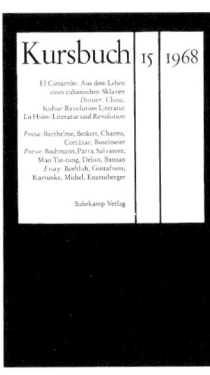

## Kritik an Fiedlers Postmodernismus

Nur wenige hielten Fiedlers Thesen überhaupt für relevant genug für eine Auseinandersetzung, die meisten Reaktionen waren deutlich ablehnend. Der damals noch in linken Kreisen aktive Martin Walser (*1927) warf Fiedler Antirationalismus und Mystizismus vor. Helmut Heißenbüttel (*1921) kritisierte vor allem die Zerstörung des individuellen Kunstwerks. Wenn Kunst nur noch als ein Spiel mit Massenphänomenen und somit auch selbst nur noch als Massenphänomen vorstellbar sein solle, dann werde ihr gerade dadurch die widerständige Kraft genommen. Wortführer der wenigen, die dezidiert Fiedlers Ideen von Postmoderne und Popliteratur aufnahm, war Rolf Dieter Brinkmann (1940–1975).

»So schwer sollte es in einer Gesellschaft, in der das politische Analphabetentum Triumphe feiert, doch nicht sein, für Leute, die lesen und schreiben können, begrenzte, aber nutzbringende Beschäftigungen zu finden. Das ist schließlich keine neue Aufgabe; Börne hat sie vor hundertfünfzig Jahren in Deutschland in Angriff genommen, und Rosa Luxemburg ist schon fünfzig Jahre tot. Was uns heute zur Hand liegt, wirkt, an solchen Vorbildern gemessen, allerdings bescheiden: beispielsweise Günter Wallraffs Reportagen aus deutschen Fabriken, Bahman Nirumands Persien-Buch, Ulrike Meinhofs Kolumnen, Georg Alsheimers Bericht aus Vietnam. Den Nutzen solcher Arbeiten halte ich für unbestreitbar.«
Hans Magnus Enzensberger, Gemeinplätze, die Neueste Literatur betreffend, 1968

**Die revolutionären Ideen von 1968, von Gesellschaftsveränderung und vom Tod der Literatur gehören heute der Vergangenheit an, die damals gescholtene Popliteratur gehört hingegen im Deutschland der Jahrtausendwende zu einer der wichtigsten literarischen Richtungen.**

# Rolf Dieter Brinkmann und die Kölner Schule

**Die Kölner Schule begründete einen neuen Realismus, in dem es um die genaue Betrachtung der Alltagszwänge ging. Damit kam sie der Dokumentarliteratur nahe, öffnete jedoch zugleich neue Räume. Rolf Dieter Brinkmann verband den neuen Realismus mit der amerikanischen Popliteratur.**

## Der Neue Realismus der Kölner Schule

»Es gibt kein anderes Material als das, was allen zugänglich ist und womit jeder alltäglich umgeht, was man aufnimmt, wenn man aus dem Fenster guckt, auf der Straße steht, an einem Schaufenster vorbeigeht, (...) was man gebraucht, woran man denkt und sich erinnert, alles ganz gewöhnlich, Filmbilder, Reklamebilder, Sätze aus irgendeiner Lektüre oder aus zurückliegenden Gesprächen, Meinungen, Gefasel, Gefasel, Ketchup, eine Schlagermelodie, die bestimmte Eindrücke neu in einem entstehen lässt, (...) der Vorspann im Kino, hier bin ich.«

Rolf Dieter Brinkmann, Die Piloten, 1968

Einen indirekten, aber entscheidenden Anstoß für die deutsche Popliteratur gab Dieter Wellershoff (*1925), damals Lektor bei Kiepenheuer & Witsch (KiWi). Er veröffentlichte 1965 Gedanken zu einer modernen realistischen Literatur, die an das Konzept des französischen Nouveau roman (z.B. bei Alain Robbe-Grillet, *1922) anschlossen. Wellershoff forderte möglichst große Wirklichkeitsnähe und die Darstellung eines engen Ausschnitts des Alltagslebens, als ob es mit einer Kamera aufgenommen würde, um gegen die Abstraktheit des modernen Romans (wie z.B. bei Samuel Beckett, 1906–1989) wieder eine andere, neue Form von literarischer Wahrnehmung zu ermöglichen. Zugleich sollte der Neue Realismus den Blick öffnen für die alltäglichen Grausamkeiten und zwischenmenschlichen Deformationen der Gesellschaft, die geprägt war von der »Wirtschaftswunder«-Politik unter Adenauer und Erhard, in der Arbeitsethos, Wohlstandsversprechen und autoritäre Werte die Nachdenklichkeit, die Kritik und individuelle Freiheit verhinderten.

Wellershoff zeigte in seinem Roman mit dem sarkastischen Titel *Ein schöner Tag* (1966) die Kommunikationsunfähigkeit, Isolation und Unzufriedenheit seiner Figuren. Damit fasste er Tendenzen einer Gruppe von KiWi-Autoren zusammen, die er betreute. Auch Günter

Seuren (*1932) im Roman *Das Gatter* (1964), Günter Herburger (*1932) in seinem Erzählungsband *Eine gleichmäßige Landschaft* (1964) und Nicolas Born (1937–1979) in seinen Gedichten lassen in kleinen Berichten aus dem Alltagsleben erkennen, wie jeder Versuch, eine Identität zu finden oder aus den Zwängen auszubrechen, schnell an der allgemeinen sozialen Kälte scheitern muss und die Handelnden zur Kapitulation zwingt. Diese Literatur der jüngeren Generation formulierte eine Anklage gegen die pflichtbesessene und wertetreue Welt der (Nazi-)Väter, ebenso wie wenige Jahre später die antiautoritäre Revolte.

»Bei Brinkmann werfen die Wörter andere Schatten, mythische. Labormythen der neuen Dinge und Wörter, Struktur-, Molekular- und Datenmythen. Der Kratzer auf der Schallplatte, der gerissene Film, die kaputte Glühbirne – nur in solchen Defekten kommt noch etwas Bewusstsein zum Vorschein.«
Nicolas Born, 1975

Den schonungslosesten Roman der Kölner Gruppe verfasste deren jüngstes Mitglied, Rolf Dieter Brinkmann, mit *Keiner weiß mehr* (1968). Ein alternder Pädagogik-Student durchleidet mit Frau und Kind am Rande des Existenzminimums sein Außenseitertum, ohne jede gesellschaftliche Perspektive. Durch das Kind aneinander gebunden, lebt das Paar »eine Niederlage, die dauerte und nach außen hin so etwas wie Liebe war«. Seine kleinen Fluchten nach London, in erotische Träume oder in die aufkommende Popkultur verändern nichts an der Unfähigkeit, der Trostlosigkeit des Alltags zu entkommen. »Man könnte auf der Stelle sterben. Immerzu«, heißt es am Ende des Buches. Brinkmanns Roman entspricht Fiedlers Beschreibung der Popliteratur, indem er

Ich erkläre, daß ich das 18. Lebensjahr vollendet habe und den Roman von Rolf Dieter Brinkmann, *Keiner weiß mehr*, ausschließlich für meinen privaten Gebrauch erwerbe. Ich werde das Buch Jugendlichen nicht zugänglich machen und es weder privat noch gewerblich ausleihen.

Genaue Anschrift: ......................................................................

Unterschrift: ................................... Datum: ..................

Der Verlag Kiepenheuer & Witsch legte dem Buch »Keiner weiß mehr« wegen seiner pornografischen Stellen einen Selbstverpflichtungsschein bei. Dennoch wurde der Verleger Reinhold Neven DuMont vom Landgericht Köln angeklagt, allerdings nicht verurteilt.

in seinem Text immer wieder auf die Waren-, Musik- und Subkulturwelt verweist – erotische Werbung und Kino-mythen setzt er jedoch in Kontrast zu den egomanischen Masturbationsfantasien des sexuell frustrierten Protagonisten.

## Dokumentarliteratur

Einerseits öffnete Wellershoffs Konzept des Neuen Realismus den Raum für eine Hinwendung zum alltäglichen, autobiografischen und gegenüber der Popkultur offenen Erzählen – gegen die damalige Vorherrschaft eher fantasievoll in epischer Breite arbeitender Erzähler wie Günter Grass oder avanciert-experimenteller Literaten wie Helmut Heißenbüttel. Andererseits jedoch radikalisierte sich dieser neue Realismusschub – parallel zu Konzepten wie dem Bitterfelder Weg im Osten (ab 1959) oder dem Werkkreis Literatur der Arbeitswelt im Westen (seit 1961) – zu einer neuen Dokumentarliteratur, der es aus einer sozialkritischen Perspektive heraus um die Offenlegung deutscher Realitäten ging. Dabei setzten sich Dramatiker mit historischen Themen auseinander, wie z.B. Rolf Hochhuth (*1931) oder Heinar Kipphardt (1922–1982). Andere befassten sich mit der Situation der Arbeiter, wie Erika Runge (*1939) in den *Bottroper Protokollen* (1968) oder Günter Wallraff in den *Industriereportagen* (1970), wobei hier die Debatte um den »Tod der Literatur« ihren Einfluss zeigte. Mit dem Scheitern der revolutionären Ideen der Studentenbewegung erlitt jedoch auch die Hoffnung, dokumentarische Literatur könne gesellschaftlich aufklärend wirken, einen herben Dämpfer.

## Rolf Dieter Brinkmann

Rolf Dieter Brinkmann ist die zentrale Figur deutschsprachiger Popliteratur. Mit seinen Übersetzungen und Anthologien der amerikanischen Underground-Szene sowie begleitenden Essays führte er die Postmoderne-Theorie Fiedlers und Texte der Beat-Poeten in Deutschland ein. In der Debatte um Fiedlers Thesen plädierte er

1968 für ein Zusammengehen von Literatur und neuen Medien, für eine thematische Hinwendung zu Drogen und Musik, und fragte sich, ob es nicht sinnvoller sei, einer Platte der Doors zu lauschen, als langweilige Literaturdebatten zu führen. So gab er 1968/69 die Textsammlungen *ACID. Neue amerikanische Szene* (gemeinsam mit Ralf-Rainer Rygulla) und *Silver Screen. Neue amerikanische Lyrik* heraus, in denen er Gedichte, Essays und Kurzprosa von Fiedler, Berrigan, Warhol, Holmes, Burroughs, McClure, McLuhan, Bukowski u.a. in Verbindung mit Werbungsfragmenten, Comics,

Pin-ups, Collagen zusammentrug und auf diesem Wege einen deutschen Underground begründete, der sich an diesen Vorbildern orientierte. Ferner übersetzte er *Lunch Poems und andere Gedichte* von Frank O'Hara.

Zugleich entwickelte sich Brinkmann selbst zu einem der wichtigsten deutschen Nachkriegsliteraten. Sein Stil war vom Neuen Realismus und von amerikanischen Lyrikern wie Frank O'Hara beeinflusst. Ihm ging es um Literatur in einer filmisch-unmittelbaren Schreibweise, um den – wie er selbst sagte – »Non-Stop-Horror-Film der Sinne und Empfindungen« (Rom, Blicke, 1979), dem das zerstörte Individuum alltäglich ausgesetzt ist. Seine Texte verstand er als einen direkten Reflex auf das Geschehen des urbanen Lebens, als einen Gefühlsreport von Alltagserfahrungen, der wieder authentische Blickmöglichkeiten eröffnen sollte – gegen die normierten Sprachvorstellungen, Werbungsmanipulationen und Medienscheinwelten des Großstadtlebens. Zugleich wollte er Freiräume für sinnliche Erfahrungen erkämpfen und wandte sich gegen die bloß vernunftorientierte Gesellschaftskritik der Studentenbewegung.

Ralf-Rainer Rygulla (li.) und Rolf Dieter Brinkmann in einer Fotokabine, sie halten den Zeit-Artikel »Proletarier aller Länder zerstreitet euch«.

»Wir lebten so am Rande der Armutsgrenze, aber das hat keinen von uns weiter beschäftigt. Wir hatten da keine Bedürfnisse. Nur Kino, billigen Rotwein ... Das meiste Geld gaben wir für Bücher aus. (...) Übrigens war Brinkmann, wenn es darum ging, Geld zu verdienen, wirklich ein eher abschreckendes Beispiel.«

Ralf-Rainer Rygulla, 1990 (über seine Zeit mit Rolf Dieter Brinkmann)

Brinkmann verstand seine Lyrik ab 1962 auch als Sprachkritik, setzte auf eine direkte Sprache und eine Hinwendung zum Alltäglichen. In *Godzilla* (1968) wurden die Texte auf Illustriertenfotos von schönen Frauen in Bikinis gedruckt – Brinkmann versuchte den Werbemythos der plakativen weiblichen Schönheit mit dem kaufgeilen Mann-Monster zu konfrontieren. *Die Piloten* (1968) wird dreigeteilt durch einem Comicstrip. In seinem letzten Lyrikband *Westwärts 1 & 2* (1975), der Gedichte von 1970–1974 vereint, verwirft Brinkmann sämtliche traditionellen Formen zugunsten einer offenen, flexiblen Schreibweise, die sich der jeweiligen Schreibsituation anpasst.

Brinkmanns Prosa-Hauptwerk ist sein postum erschienenes Buch *Rom, Blicke* (1979), das er 1972/73 während seines längeren Stipendiaten-Aufenthaltes in der Villa Massimo in Rom verfasste. Diese autobiografisch-tagebuchartige Textsammlung vereint spontane Alltagsnotizen, Briefe, Fotos, Post- und Fahrkarten, Stadtpläne, Werbebroschüren und Fragmente anderer Autoren wie Arno Schmidt, William S. Burroughs oder Wilhelm Reich. Auf seinen Streifzügen durch Rom notiert er

Rolf Dieter Brinkmann (2. v. li.) mit (v. li.) Ralf-Rainer Rygulla, unbekannt, Linda Pfeiffer, Michael Buthe und Monika Pieper bei einem Teach-In unter dem Motto »Die Endlösung der Studentenfrage steht bevor!« in der Kölner Universität, 1969.

Gedanken auf Restaurantrechnungen, läuft durch Straßen und beschreibt die Kleidung und Körper der Frauen, die Häuserkulissen, die Gerüche, ergänzt die zugehörigen Daten und Zeiten und schafft somit eine authentische Sphäre: »Treten, Schritte, Sehen: klack, ein Foto!: Gegenwart, eingefroren« – als liefe er mit einer Film- oder Fotokamera durch die Stadt. Brinkmanns Studien erscheinen heute wie ein Briefpaket von einer Reise in die Alltagswelt Roms. In seinem wortungestümen »Un-Buch«, wie die Literaturkritik urteilte, sah Brinkmann die »Schrott-Zivilisation« an ihrem Endpunkt angelangt, die Stadt war ihm eine »Kloake« aus Menschen, Bauten, Lärm und Gestank: »Wrruummmm,Autos!Ampeln!Fassaden!Idiotisches Gehupe!Iditoten!Menschen!Gar nicht zu fassen!: Scheiße!: (kann ich nicht mehr mich ausdrücken?).« In Briefen an seine Frau Maleen und an Freunde reflektiert er seine Wahrnehmungen. Nichts Positives, Produktives sei mehr zu schaffen, die umfassende Konsumlust der Menschen habe alle künstlerischen und aufklärerischen Traditionen grundsätzlich zerstört.

Brinkmanns ästhetische Neuerungen, seine offene Sprache und flexiblen Formen, seine tabulose Rede über Sex und Drogen, eben jene Elemente, die schon die Beat-Autoren verwendeten, haben bis heute einen großen Einfluss auf die deutsche Popliteratur. Brinkmanns Zorn und Wut aber gegen Alltag, Masse und Markenwelt (»Ich bins leid, leid, leid. Sollen sie alle verrecken! Auf der Stelle! Sofort!«, 1968), der ihm – wie Burroughs – in seiner übersteigerten Form gar den Faschismus Vorwurf einbrachte, ging mit der Zeit verloren. Brinkmann starb 1975 bei einem Autounfall in London.

»Wenn es je einen Kahlschlag in der neueren deutschen Literatur gegeben hat, dann war das in den sechziger Jahren. Der Mann an der Axt: Rolf Dieter Brinkmann. Er hat für die deutschsprachige Literatur das getan, was die Sex Pistols für die Popmusik getan haben. Sex und Gewalt, Drogen und Anarchie sind fortan der Stoff, der eine TRASH!-Literatur jenseits des Mainstreams antreibt.«

Ralf Bentz in: testcard Nr. 7. Pop und Literatur, 1999

**Während Studentenbewegung und Dokumentarliteratur sich in den Dienst einer großen, politischen Sache stellten, ging es den neuen Realisten wie auch Rolf Dieter Brinkmann um die Probleme des Alltags. Brinkmanns Texte und Übersetzungen begründeten die Popliteratur in Deutschland.**

# Aufbruch in die Popliteratur

**Der Popimpuls breitete sich aus: Auch Autoren der Hochkultur griffen Popelemente auf oder setzten sich mit den Subkulturen auseinander. Vom Kernjahr 1968 an bildeten sich verschiedene Szenen und Subkulturen, in denen mit neuer Lust geschrieben wurde.**

## Peter Handke

»Sie sind keine Zaungäste mehr. Sie sind das Thema. Sie sind im Blickpunkt. Sie sind im Brennpunkt unserer Worte. (...) Dadurch, dass Sie beschimpft werden, wird Ihre Bewegungslosigkeit und Erstarrung endlich am Platz erscheinen.«

Peter Handke, Publikumsbeschimpfung, 1966

In der zweiten Hälfte der sechziger Jahre kamen die Beat-Literatur-Impulse auch in den Horten der Hochkultur an. Der Österreicher Peter Handke (*1942) wurde 1966 erstmals zu einem Treffen der Gruppe 47 in Princeton eingeladen, in der sich alle wichtigen Literaten, Verleger und Kritiker Deutschlands versammelten. Der 24-Jährige trug eine Beatles-Frisur und warf Böll, Grass, Walser und den anderen Mitgliedern der Gruppe 47 »Beschreibungsimpotenz« vor. In seinem Theater-Sprechstück *Publikumsbeschimpfung* (1966) be-sprechen die Akteure ohne Handlung und Rollen das Publikum, thematisieren dessen Erwartungen, Konsumverhalten und Verhältnis zur erstarrten Hochkultur. Durchaus politisch interessiert lotete Handke in Formexperimenten wie *Deutsche Gedichte* (1969) und *Die Innenwelt der Außenwelt der Innenwelt* (1969), die teilweise aus Gemüsemarkt-Preislisten, Börsenkursen, Lottozahlen, Mannschaftsaufstellungen und Zeitungsartikeln bestehen, sowie Essays, die er im Band *Ich bin ein Bewohner des Elfenbeinturms* (1967) versammelte, die Möglichkeiten von Literatur zur Zeit der Studentenproteste aus. Er setzte sich kritisch vom direkten Engagement und auch von Fiedlers Poptheorie ab, sympathisierte dagegen mit dem Straßentheater und wollte die Realität zur Spielwiese von Bedeutungen machen. Dieser strukturalistischen Methode entsprechen auch seine weiteren Erzäh-

Peter Handke, 1967

lungen. In *Die Angst des Tormanns beim Elfmeter* (1970) ist alles lebendige Geschehen nur noch die Bewegung von Zeichen, von denen eines so gut wie das andere ist. Die Realität ist nur noch ein Schein, in dem selbst ein Mord die Ordnung des Zeichensystems nicht in Unordnung bringt, sondern still absorbiert wird. Unmittelbare Erfahrungen hält die Welt in ihrer gegenwärtigen Gestalt nicht mehr bereit. In späteren Büchern intensivierte Handke diese Innenschau der Worte.

## Hubert Fichte

Hubert Fichte (1935–1986) schrieb mit *Die Palette* (1968) einen Bericht aus der Hamburger Subkultur der sechziger Jahre. Eigentlich hatte er sich als Autor beim Rowohlt-Verlag schon einen Namen gemacht und mehrfach bei der Gruppe 47 gelesen, bevor er sich dezidiert mit den neuen Einflüssen des Beat auseinander setzte. Ab 1964 sammelte er Material für seinen Roman, und die Szene, die er beschrieb, wurde zunehmend zu seinem Arbeits- und Lebensumfeld. So las er am 2.10.1966 im ausverkauften Star-Club auf der Hamburger Reeperbahn vor 1500 Zuhörern zur Begleitung der Beat-Band Ian and the Zodiacs Auszüge aus seinem Manuskript. Die Lesung wurde als Platte veröffentlicht, die Literatur vereinte sich mit der Musik. Jäcki, der Protagonist in *Die Palette*, durchstreift die Hamburger Rotlichtszene und sammelt vor allem in der Kellerkneipe Palette Geschichten. Motivisch dreht sich das Buch um Rauschgift, Sex, Obdachlosigkeit, Armut, Kriminalität, es reflektiert Kunst, Zeit und deutsche Vergangenheit. Fichte sprengt dabei lineare Handlungsmuster, er baut politische Slogans, Toilettengraffitis und Werbeslogans in seinen Text ein. Seine Sprache ist lakonisch, er verknüpft Dialogfetzen, Gedankenfragmente und Teile aus alltäglichen Redewendungen. So wird der Paletten-Besucher Jürgen vorgestellt: »Vater kein Nazi. Mit neunzehn die erste Frau. In Hamburg. In Paris von Mann verführt.« Fichte setzte diese Prosa fort in *Detlevs Imitationen*, ›Grünspan‹ (1971). Im Grünspan haben Jäcki und seine Freunde aus der inzwi-

»Hier, im ›heiligen Sanktus-Paulus-Village‹, erschlug der Beat die Prosa nicht; beide koexistierten, mehr: Sie machten gemeinsame Sache, sie dementierten das angebliche Schisma zwischen der Sub-, der Popkultur, die ihre Kleidung und Sprache und Umgangsformen hat, und der seriösen, der höheren, der dunkel gekleideten ›eigentlichen‹ Kultur. Dichterlesungen ist sonst oft ein Element der Verlegenheit eigen, herrührend aus der Anstrengung, die es kostet, sich zu einer feierlichen Kulturtat aufzuschwingen (...). Hier, im ›Star-Club‹, wurde eine andere Form ausprobiert, und sie funktionierte. (...) Die Diskrepanz schien fast ausgelöscht. Der Dichter fand zwanglos ein neues Publikum.«

Die Zeit, 1966 (über die Star-Club-Lesung von Hubert Fichte)

Li.: Hubert Fichte:
Die Palette, Rowohlt
1968

Re.: Peter Handke:
Die Hornissen, Rowohlt
1968 (1966)

schen geschlossenen Palette eine neue Heimat gefunden, treffen auf Detlev aus Fichtes erstem Roman *Das Waisenhaus* (1965) und erleben weitere Geschichten in der Subkultur.

Später schrieb Fichte das voluminöse Werk *Die Geschichte der Empfindlichkeit* (1980–1985), deren Bände 1–7 und 15–21 Romane, Glossen, Interviews und Polemiken versammeln. In seinen Texten verwebt Fichte Fiktionales und Reales, lässt seine Geschichten an den Orten der Ausgegrenzten spielen (in der Subkultur, später auch in Afrika) und zeigt – ähnlich wie Hans Henny Jahnn (1894–1959) – auf, wie die Identitäten unterdrückter Gruppen (Schwule, Arbeiter, Frauen) gesellschaftlich erzeugt werden, und berichtet über deren Umgang damit. Damit integrierte er als erster deutscher Autor die politischen Aspekte der postmodernen Philosophen Deleuze, Lyotard und Foucault in seine Literatur.

»Einiges mag diese Begeisterung für Pop und Beat beflügeln. Von jeher war der Hang zur Avantgarde groß und das Jungsein vor allem auch ein demonstrativer Akt. Wer heute modern sein will, hat sich einfach für Pop und Beat zu interessieren. Ein Schuss Subkultur ist sehr gefragt und ein attraktives Image die halbe Ladenmiete. Attraktiv ist man als Autor heutzutage mit Sicherheit, wenn man sich bewusst oder unbewusst umgibt mit modischen Accessoires aus dem Bereich der Subkultur.«

Die Zeit, 1969

### 1968: Popromane und Subkultur

1968 also bleibt nicht nur politisch als das wichtigste Jahr der Studentenrevolte in Erinnerung, sondern auch als das Erscheinungsjahr von Brinkmanns *Keiner weiß mehr* und Fichtes *Palette*. Ebenso nutzten Heinz von Cramer (*1924) in seinem collageartigen Text *Der Paralleldenker* und Peter O. Chotjewitz (*1934) in *Die Insel. Erzählungen* *auf dem Bärenauge* (1968) Formen der Popliteratur. Chotjewitz verwebt die Elemente seiner Handlung mit Briefen, Werbeslogans und Zeitungsberichten, parodiert nebenbei das Genre des Agentenfilms. Dem Leser stellt er Materialien zur Verfügung, aber keine durchgehende Handlung, denn: »Die Zukunft gehört den Poeten, die keine mehr sind.«

Ebenfalls 1968 gab Vagelis Tsakiridis die Anthologie *Supergarde. Prosa der Beat- und Pop-Generation* mit Texten von Brinkmann, Chotjewitz, Wondratschek u. a. heraus. Der Norddeutsche Rundfunk begründete ab März 1968 eine vierzehntägig laufende Sendung unter dem Motto »Autoren als Discjockeys«. Kreativ mit Musik umgehen zu können, schien eine Pflicht für junge Autoren geworden zu sein. Während sich andere Autoren noch an Songs der Beatles oder gar Schlager der fünfziger Jahre hielten, spielte Handke beispielsweise The Doors, Jimi Hendrix und die Electric Prunes.

Zunächst jedoch breitete sich der popkulturelle Geist vor allem im Underground aus. Zahlreiche Kleinverlage, Autorengruppen und Underground-Magazine wurden gegründet. Jürgen Ploog (*1935) und Jörg Fauser (1944–1987) hießen die Kult-Autoren der siebziger Jahre. Vor allem Fauser schrieb – fernab aller intellektuellen oder offiziellen Kulturzirkel – zahlreiche Romane, in denen er wie in *Tophane* seine Heroinsucht schonungslos beschrieb oder sich mit anderen Underdogs und Benachteiligten der Gesellschaft verbündete, wie in *Rohstoff* (1976). Befreundet mit einem anderen großen Exzentriker, Charles Bukowski, blieb der große literarische Erfolg jedoch zu seinen Lebzeiten aus. Am 17.7.1987 rannte er betrunken auf die Autobahn und wurde von einem Lkw überfahren.

Andere Zentren der Subkultur entstanden, in Hamburg um Kiev Stingl (*1943), in Frankfurt mit Hadayatullah Hübsch (*1946); eines der wichtigsten Blätter für die literarische Underground-Szene in den siebziger Jahren war das *Ulcus-Molle-Info*, herausgegeben von Josef Wintjes (1947–1995) aus Bottrop.

## Gedichte für die Zweite Klasse

Die Erneuerung von Sprache, Themen und Form zeigte sich auch in der Lyrik. Als Wortführer trat Jürgen Theobaldy (\*1944) auf, der gegen die offizielle »Erbauungsliteratur für Studienräte« Gedichte für jene forderte, die in der zweiten Klasse der Eisenbahn sitzen. So fanden in seinem Gedichtband *Zweiter Klasse* (1976) Slogans und Umgangssprache Eingang in die Texte. Wesentlich erfolgreicher als Theobaldy war Wolf Wondratschek (\*1943), der zunächst mit der Prosa-Sammlung *Früher begann der Tag mit einer Schusswunde* (1969) bekannt wurde. Darin reihte er floskelhafte Sätze aneinander, eröffnete damit Assoziationsräume und demaskierte zugleich Medienrituale und Alltagslügen. In seinen folgenden Gedichtbänden wie *Chuck's Zimmer* (1974) oder *Männer und Frauen* (1978) und später noch stärker in *Carmen oder Bin ich das Arschloch der achtziger Jahre* (1986) inszenierte er sich als Rocker und Macho. Wondratschek verlegte seine Texte selbst und vertrieb sie über den Buchversand Zweitausendeins. Auf diesem Wege erreichte er sehr hohe Auflagen, wurde jedoch von der Kritik weitgehend ignoriert.

Beat und Prosa: Hubert Fichte im Star-Club, Philips 1967

Peter Rühmkorf (*1929) hatte schon in den fünfziger Jahren seine Gedicht-Rezitationen mit Jazz-Musik montiert (1962 erschien die LP *Lyrik und Jazz. Im Vollbesitz meiner Zweifel*, mit Johnny Griffin), vielen wurde er später durch seine Kolumne in der linken Zeitschrift *konkret* bekannt. In seinem Band *Irdisches Vergnügen in g* (1959) parodierte er alte Gedichtformen (der Titel leitet sich ab von Brockes' *Irdisches Vergnügen in Gott*, das 1721 erschien), kombinierte souverän feinsinnige mit vulgären Sprechweisen und spielte mit Formen, Worten und Traditionen. Seine Texte verstand er als »Gegengesänge« voller »kategorischer Konjunktive«. In *Über das Volksvermögen* (1967) sammelte er Gedichte aus verschiedenen Subkulturen und kommentierte sie mit Gedanken über die Bedeutung der Gegenkulturen. *Die Jahre die ihr kennt* (1972) ist eine collageartige Zusammenstellung autobiografischer Texte Rühmkorfs, die er als Versuch einer Selbstvergewisserung anlegte.

Der neue Ton der Poplyrik, das Spiel mit Autobiografischem und ihre formale Offenheit machten Lyrik wieder populär. In verschiedenen Städten gab es Lesungen als Großveranstaltungen, erstmals wurden Schreibkurse (was später in die Creative-writing-Bewegung mündete) an Schulen, Volkshochschulen und Universitäten eingerichtet. Dabei ging es in erster Linie um das Schreiben als Ausdruck eigener Probleme und Nöte. Es blieb Theobaldys Idee, dass Lyrik und Literatur auch etwas für die sein könnten, die in der zweiten Klasse sitzen.

»2 / 7 / 16 / 24 / 25 / 49 //
Zusatzzahl: / 6 //
Ohne Gewähr«

Peter Handke, Die Lottozahlen von Samstag, dem 30.11.1968. In: Deutsche Gedichte, 1968

**Die erste deutsche Popliteratur entstand um 1968 und beeinflusste unterschiedliche Autorengruppen. Stellten Autoren wie Handke, Fichte oder Rühmkorf durch ihre reflektierte Verwendung der Sprache die offizielle Hochkultur in Frage, so machte der autobiografische und umgangssprachliche Ton vielen ungeübten Autoren Mut, nun auch eigene Texte zu verfassen.**

# Ernüchterung und neue Wege

**Mit dem Ende der Studentenbewegung zog ein trauriger Ton in die Literatur ein. Die Suche nach der Identität war nun keine Rebellion mehr nach außen, sondern eher ein Blick nach innen.**

## Ernüchterung und Neue Subjektivität

»Seit fünf, sechs Jahren habe ich mit dem zu tun, was man ›Alternativ-Literatur‹, ›Gegen-Kultur‹, ›Klein-Verlage‹ etc. nennt. (...) Hätte ich in diesen annähernd 6 Jahren nicht eine Reihe von Jobs wie Gepäckarbeiter oder Nachtwächter gehabt, würde ich nicht für Rundfunk/TV/bürgerliche Feuilletons/Nackedeimagazine u.a. schreiben, könnte ich mir die ›Alternativ-Szene‹ gar nicht leisten.«

Jörg Fauser, 1977

Anfang 1969 zerfiel die Studentenrevolte. Das Scheitern der großen Hoffnungen wurde spürbar, viele Aktivisten suchten ihre Identität im ruhigen Fluss der neuen kulturellen Möglichkeiten. Der Berliner Schriftsteller Peter Schneider (*1940), zuvor einer der Protagonisten der Studentenbewegung, schickt in der Erzählung Lenz (1973) den politisch aktiven Studenten Lenz auf der Suche nach sich selbst in eine Fabrik und nach Italien. Doch Lenz hängt sein Marx-Bild verkehrt herum auf, fühlt sich von den Arbeitern missverstanden, scheitert in seinen Liebesbemühungen, wird aus Italien ausgewiesen. Die Wut wich der Melancholie jener, »die sich erstaunt fragen, was sie auf dieser Welt, die ihnen schon zur Nachwelt geworden ist, überhaupt noch auszurichten haben«. Nicolas Born veröffentlichte 1976 Die erdabgewandte Seite der Geschichte, eine ähnliche, tendenziell autobiografische Auseinandersetzung mit den 68er-Ereignissen und der ihnen folgenden Verunsicherung des Einzelnen. Born berichtet vom Leben im Alternativ-Milieu, von Demonstrationen, Wohngemeinschaftsfeten und dem Problem, zwischen all dem ein eigenes Leben zu finden. Fast zynisch zeigt Born, dass die Beziehungen seiner Figuren geprägt sind von Bindungs- und Gefühlsunfähigkeit: »Unsere Umarmung hätte auch ein Abschied sein können. (...) Sie absolvierte schnell ein paar Zärtlichkeiten an mir.« Der Erzähler findet am ehesten noch Austausch mit dem Schriftsteller-Kollegen Lasski, hinter dem sich wohl Rolf Dieter Brinkmann verbirgt, der jedoch am Ende des Buches stirbt.

## Die Reise

Eine herausragende Figur der deutschen Nachkriegs-literatur ist Bernward Vesper (1938–1971). Vespers Vater Will gehörte zu den führenden Autoren im Dritten Reich, Bernward war Teil der Neuen Linken in den sechziger Jahren und Verleger der Edition Voltaire, in der Texte der außerparlamentarischen Opposition erschienen. Er war zeitweise liiert mit Gudrun Ensslin (1940–1977), mit der er 1964 die Anthologie *Gegen den Tod. Stimmen deutscher Schriftsteller gegen die Atombombe* (1964) herausgab und die später mit der Roten Armee Fraktion in den bewaffneten Untergrund ging. Bernward Vesper nahm sich 1971 in einer Psychiatrie in Hamburg das Leben.

Bernward Vesper:
Die Reise, März 1977

1977 gab Jörg Schröder (*1938), Verleger des März Verlages (in dem 1969 *ACID* erschienen war), Vespers literarische Fragmente unter dem Titel *Die Reise* heraus. Der Titel ist dabei dreifach zu begreifen, als reale Reise nach Jugoslawien, als gedankliche Erinnerungsreise in die erlittene Erziehung sowie als Drogenreise in psychedelische Welten. Vespers Versuch, sich freizuschreiben von seiner Vergangenheit und den konservativ-autoritären Einflüssen seiner Vaterfigur (die stellvertretend steht für das gesellschaftliche Klima der Nachkriegs-BRD) und sich zu öffnen für die Fähigkeit zu sinnlichem Genuss und politischem Widerstand, scheitert im Buch – wie auch real: »Interessant finde ich, was für ein kaputter Typ aus der so genannten ›heilen Welt‹ meiner Jugend herausgekommen ist – wird man das als Beweis gelten lassen?« *Die Reise* erreichte in zwei Jahren 16 Auflagen.

»Diese Szene ist ein Luxus, sie ist unsere Villa in Ascona und unsere Opiumpfeife in Singapur und unsere blonde Nutte in Beverly Hills; indem wir ein paar Verlegern und Magazineuren und Promotern ein bescheidenes Dasein ermöglichen, leisten wir uns kühne Träume, eine Literatur ohne Zensor und Finanzamt, ohne Buchhalter und ohne Bankkonto, ohne Brot und ohne Preis.«

Jörg Fauser, 1977

**In den siebziger Jahren flaute die literarische Aufbruchstimmung ab. Bernward Vespers bereits Ende der sechziger Jahre verfasster Text »Die Reise«, der beispielhaft das Scheitern eines Lebens zwischen Nazivater und 68er-Revolution zeigt, zählt zu den wichtigsten Werken der deutschen Nachkriegs-literatur.**

# Popliteratur am Prenzlauer Berg und in der DDR

**In der DDR entwickelten sich erst mit Verzögerung popliterarische Phänomene, da die Kulturpolitik reglementiert und von westlichen Einflüssen halbwegs abgeschottet wurde. Spätestens in der Prenzlauer-Berg-Szene der achtziger Jahre gingen aber auch hier Literatur, Musik und das Beharren auf individueller Freiheit eine Verbindung ein.**

»Natürlich Jeans! Oder kann sich einer ein Leben ohne Jeans vorstellen? Jeans sind die edelsten Hosen der Welt. Dafür verzichte ich doch auf die ganzen synthetischen Lappen aus der Jumo, die ewig tiffig aussehen. Für Jeans konnte ich überhaupt auf alles verzichten, außer der *schönsten Sache* überhaupt. Und außer Musik. Ich meine jetzt nicht irgendeinen Händelsohn Bacholdy, sondern echte Musik, Leute. (...) Ich meine, Jeans sind eine Einstellung und keine Hosen. Ich hab überhaupt manchmal gedacht, man dürfte nicht älter werden als siebzehn – achtzehn. Danach fängt es mit dem Beruf an oder mit irgendeinem Studium oder mit der Armee, und dann ist mit keinem mehr zu reden.«

Ulrich Plenzdorf,
Die neuen Leiden des
jungen W., 1973

## Die neuen Leiden

Die Rezeption der Beat-Literatur fiel jungen Literaten in der DDR wesentlich schwerer. Dies hatte mehrere Gründe: Zunächst gab es in der DDR ein verbindliches ästhetisches Programm, das die DDR-Kulturführung vorgab und das sich am sozialistischen Realismus orientierte – westlich-kapitalistische Einflüsse wurden mehr oder weniger stark bekämpft. Außerdem existierte in der DDR weder im Bereich der Medien noch im Bereich der Konsumartikel jene Vielfalt, auf die die westliche Popliteratur reagierte. Daher erschien 1972 das Stück *Die neuen Leiden des jungen W.* von Ulrich Plenzdorf (*1934) erst, als nach dem VIII. Parteitag der SED 1971 eine kurze Phase der Liberalisierung einsetzte.

Plenzdorf erzählt die Geschichte des Jugendlichen Edgar Wibeau, der rebellisch aus dem vorgezeichneten Weg ausbricht und sich gegen die gesellschaftlichen Normen mit langen Haaren, Popmusik und Jeans eine eigene, neue Welt erschafft. Einer seiner Helden ist Holden Caulfield aus Salingers *Catcher in the Rye*. Edgar will sich selbst verwirklichen und stellt viele Alltagsnormen der DDR in Frage, ohne sich grundsätzlich gegen den Sozialismus zu stellen. In jugendlicher Slang-Sprache beschreibt Plenzdorf, wie Edgar sich schließlich verliebt und auf dem Plumpsklo seiner zum Abriss bestimmten

Gartenlaube am Stadtrand Goethes *Die Leiden des jungen Werther* findet. Indem der in eine Kindergärtnerin verliebte Edgar immer wieder Werther-Auszüge auf Tonbänder spricht, wird die Klassikerverehrung der DDR-Kulturpolitik ironisiert. Ironisch-satirisch ist auch das Ende, wo der Anstreicher Edgar schließlich bei einem Stromschlag ums Leben kommt, nachdem er, der gerne Kunstmaler hätte werden wollen, an einer Farbspritze gebastelt hatte – der Aufbau (des Sozialismus) wird also nicht belohnt.

Dieses Stück – später auch als Roman erschienen – sowie der von Plenzdorf geschriebene Film *Die Legende von Paul und Paula* (1974) gaben in der DDR den Anstoß für viele Diskussionen, wie der Einzelne in der sozialistischen Gesellschaft doch mehr individuelle Freiheiten gewinnen könnte.

### Die Szene vom Prenzlauer Berg

Die Frage nach Freiheit und Selbstverwirklichung stellten Ende der siebziger Jahre zunehmend mehr Jugendliche in der DDR. In verschiedenen Städten sammelten sich jugendliche Gruppen, die sich der offiziellen Staatskultur verweigerten. Bis Mitte der achtziger Jahre entwickelten sich so Subkulturen, in denen Punk-, Jazz- und Rockmusik wichtige Bestandteile der Identität wurden. Es erschienen erste literarisch-politische Undergroundblätter, und trotz der DDR-Abschottungspolitik konnte sich die Szene mit vielen Produkten der Popkultur aus dem Westen versorgen. Schließlich wurde einerseits die Radioquote für Westmusik im Jugendradio DT 64 aufgehoben, andererseits infiltrierte jedoch das Ministerium für Staatssicherheit (inoffizielle) Mitarbeiter in die Szenen.

Die bekannteste Subkultur-Szene versammelte sich am Prenzlauer Berg in Ost-

»Das ist nun nicht mehr nur Modetick, das ist Verhaltensmuster, das ist Gegenwartsanschauung der Gegenkultur, und darin wird nun gleichzeitig vielerlei deutlich, vor allem (...) eine neue Beziehung zur Sprache; denn der Sprachgestus dieses Textes bricht aus allen bisherigen Kanons, gibt einen kruden Naturalismus, in seiner artistischen Raffinesse, der Zitatmontage von Redeweisen, aufgebrochenen Klischees und abgewerteten Unterstellungen erinnernd an Hubert Selby oder Hubert Fichte.«

Sinn und Form, 1972 (Rezension von Plenzdorfs »Die neuen Leiden des jungen W.«)

Bert Papenfuß liest in der Ostberliner Immanuel-Kirche, Dezember 1985

berlin. Bert Papenfuß (*1956), Stefan Döring (*1954) und Sascha Anderson (*1953), der später wie Rainer Schedlinski als »IM« enttarnt wurde, experimentierten im Spannungsfeld von Punkmusik und Beat-Literatur. Treffpunkt war ab 1984 die »Zersammlung« in einem Kunstatelier. Die Szene war in verschiedene Freundeskreise zerfasert, hielt aber zugleich den Kontakt zu politisch-oppositionellen Kreisen wie auch zu älteren Autoren.

Es gelang der Prenzlauer-Berg-Szene, ein offenes und experimentelles Umfeld zu schaffen. Gegen die offiziellen Glaubenssätze stellte sie eine anarchistische Verweigerungshaltung, gegen den staatlichen Kanon eine offene Gegenszene. Indem sie auf der Bühne mit Fotografen, Malern und Musikern zusammen auftraten, gelang es den Autoren leichter, ihre Texte an die Öffentlichkeit zu bringen. Bei ihren Auftritten ging es Döring, Papenfuß und anderen nicht primär um harmonischen Gesang, im Gegenteil diente die aggressive Musik der Band eigentlich eher als Transportmittel für das Textmaterial. Um die Zensur zu umgehen, wurden bereits bekannte Texte entpolitisiert, und dadurch indirekt wieder politisiert. Aus Dörings doppeldeutigem »ich fühle mich in grenzen wohl« wurde schon mal »ich fühl mich in deinen armen wohl« – dass dies wie ein Zugeständnis an die staatliche Kontrolle klang, entlarvte diese zugleich.

Die Autoren des Prenzlauer Bergs durften ihre Texte in der DDR zumeist nicht veröffentlichen, weshalb sie zunächst im Westen publizierten und dort bekannter wurden als im Osten. Vor allem Papenfuß wurde mit *harm* (1985) und *dreizehntanz* (1988) von der westlichen Literaturkritik zur Kenntnis genommen, ebenso wie Uwe Kolbe (*1957) mit *Hineingeboren* (1980) und *Abschiede und andere Liebesgedichte* (1981) sowie Sascha Anderson mit *totenreklame* (1983). In der DDR selbst blieb die Szene eine des Untergrunds. Es war schon ein Politikum, in einer Kirche oder einer Privatwohnung ein Konzert veranstalten zu können. Eine Textauswahl erschien 1985 im von Sascha Anderson und Elke Erb herausgegebenen Band *Berührung ist nur eine Randerscheinung*. Die Szene wandelte sich immer weiter, es stießen noch Jan Faktor, Peter »Schappy« Wawerzinek (*1954) und 1988 Matthias »Baader« Holst (1962–1990) dazu.

Adolf Endler (*1930), eine solidarische Vaterfigur der Szene, veröffentlichte mit *Tarzan am Prenzlauer Berg. Sudelblätter 1981–83* (1994) seine Aufzeichnungen aus jener Zeit, die die Suche und Zerrissenheit der jungen Prenzlauer-Berg-Literaten dokumentieren. Er gibt darin anhand von tagebuchartigen Notizen einen Einblick in die schwierige Lage eines DDR-Schriftstellers, der voll Sympathien für die jungen, aber nicht systemkonformen Autoren ist, jedoch zugleich auch die offiziellen Kulturinstitutionen einschätzen kann.

> »Wir soffen rauchten und waren unglücklich / unsre kinder zeugten wir stets im stehn / immer zwischen 7 und 10 / so vergingen unsere tage / wer an etwas glaubte wurde erschossen«
>
> Matthias »Baader« Holst, 1988

**Für die Autoren in der DDR war die Aufnahme popliterarischer Elemente wesentlich schwieriger. Dennoch entwickelte sich am Prenzlauer Berg eine lebendige Szene, deren Wirkung zwar auf den Underground beschränkt blieb, dort jedoch Nischen für Nonkonformisten schuf.**

# Situationisten, Kommunen, Happenings

**Ab Mitte der fünfziger Jahre entstanden künstlerische Avantgarden mit einem anderen Verhältnis zur Politik. Zunehmend bildeten sich Gruppen, die durch spontane Happenings sowie neue und antiautoritäre Lebens- und Artikulationsformen den Alltag politisierten.**

## Situationistische Internationale

»Wir stürmen z.B. ein Kaufhaus, nehmen alle Güter und verteilen sie auf der Straße; der folgende Prozess müsste so frech-geschickt geführt werden, dass die Lüge der freien Wirtschaft selbst dem letzten Trottel bewusst wird. Oder wir inszenieren mitten auf dem Stachus eine Vögel-Szene (Du und Marion), und im Prozess treten wir dann auf: ›Warum nicht?‹. In dem Moment, wo wir viele Leute zählen, können wir auf ein paar immer verzichten, die eben dann im Gefängnis die Bücher lesen müssen, die sie bis jetzt zu faul waren zu lesen.«

Dieter Kunzelmann, Brief an Frank Böckelmann, 1964

Die Literatur der Beat Generation und der ersten deutschen Popliteraten öffnete sich in den fünfziger und sechziger Jahren gegenüber medialen, spielerischen oder auch antitheoretischen Elementen. Parallel dazu entwickelten sich avantgardistische Kunstströmungen, die auf die veränderten Medienwelten reagierten und sich mit der radikalen Kritik literarischer Traditionen befassten, ohne jedoch hochkulturelle Ansprüche aufzugeben.

Auch die Form des politischen Protests veränderte sich: Von jüngeren Intellektuellen, Studenten und Aktiven in den traditionellen Organisationen der Linken ging der Impuls aus, neue aktionistische Wege der politischen Praxis zu entwickeln. Abseits von Parteidebatten und politischen Wahlen entstand so in den westlich-kapitalistischen Metropolen eine Strömung, die sich Neue Linke nannte.

Ein Teil dieser Neuen Linken waren auch künstlerische Avantgardegruppen aus Paris, Amsterdam, Brüssel, London, München und Italien, die sich 1957 zur Situationistischen Internationalen (S.I.) zusammenschlossen. Ziel war die Zusammenführung von Kunst und Leben, die Erkenntnis, dass jede Revolution der Gesellschaft mit der Revolution des Alltags beginnen müsse. Im Anschluss an Konzepte der historischen Avantgardebewegungen zielten die Aktionen auf die Subversion der gesellschaftlichen Ordnung und ihrer Autoritäten. Guy Debord (1931–1994) analysierte *Die Gesellschaft des Spektakels* (1967). Der deutsche Teil der S.I., die Münchener Gruppe SPUR, wurde 1962 von Debord ausgeschlossen, weil sie zu unpolitisch sei und nur billigem Klamauk fröne. Damit hatten es Hans Dieter Zimmer, Dieter Kunzelmann und ihre Freunde allerdings schon weit gebracht: Im Jahr zuvor war ihre Zeitschrift wegen Obszönität und Religionslästerung beschlagnahmt worden.

Provos nannten sich Aktivisten in Amsterdam, die Mitte der sechziger Jahre mit ihren »Propaganda der Tat« genannten Straßenaktionen, witzigen Slogans, weißer Kleidung und spontanen Feiern das öffentliche Leben teilweise lahm legten. In Amerika bildete sich 1967/68 die Youth International Party, die ihren Namen in der Tat doppeldeutig (Partei und Party) meinte. Die Protagonisten Abbie Hoffman (1936–1989) und Jerry Rubin (1938–1994) setzten eine libertär-anarchistische Subkultur und psychedelische Happenings gegen theoretische Debatten, politische Dogmen und die bestehenden Gesellschaftsnormen. Die Yippies hielten sich – laut Rubin – für »Marxisten. Wir stehen in der revolutionären Tradition von Groucho, Chico, Harpo und Karl.« Durch ihre antiautoritären und medienwirksamen Aktionen (z. B. Tortenwürfe auf bekannte Medien- oder Politstars) wurden sie schnell bekannt, was ihnen jedoch den Vorwurf einbrachte, nur die Hofnarren der kapitalistischen Medienindustrie zu sein.

## Kommunen

In den späten sechziger Jahren hatte sich in der BRD eine politisch brisante Stimmung entwickelt: Im Bundestag hielt eine große Koalition aus CDU und SPD die Regierungsmehrheit, weshalb kritische Stimmen nur noch auf der Straße von der APO (Außerparlamentarische Opposition) eingebracht wurden. Die wichtigste Kraft der APO war der viele Theoriedebatten führende SDS (Sozialistischer Deutscher Studentenbund), dessen be-

»NEU! UNKONVENTIONELL! (...) Mit einem neuen gag in der vielseitigen Geschichte amerikanischer Werbemethoden wurde jetzt in Brüssel eine amerikanische Woche eröffnet: (...) Ein brennendes Kaufhaus mit brennenden Menschen vermittelte zum ersten Mal in einer europäischen Großstadt jenes knisternde Vietnamgefühl (dabei zu sein und mit zu brennen), das wir in Berlin bislang noch missen müssen. (...) So sehr wir den Schmerz der Hinterbliebenen in Brüssel mitempfinden: Wir, die wir dem Neuen aufgeschlossen sind, können, solange das rechte Maß nicht überschritten wird, dem Kühnen und Unkonventionellen, das, bei aller menschlichen Tragik, im Brüsseler Kaufhausbrand steckt, unsere Bewunderung nicht versagen.«

Kommune I, Flugblatt 7, 1967

Der damalige Bundes-
präsident »Lübke ruft
Christen zur Unzucht
mit Hühnern auf« –
eine Postkarte von
Dieter Kunzelmann

»Das engagierte
Theater findet heute
nicht in Theaterräumen
statt (...), sondern zum
Beispiel in Hörsälen,
wenn einem Professor
das Mikrofon weg-
genommen wird, wenn
Professoren durch
eingeschlagene Türen
blinzeln, wenn von
Galerien Flugblätter auf
Versammelte flattern,
wenn Revolutionäre
ihre kleinen Kinder
mit zum Rednerpult
nehmen, wenn die
Kommune die Wirk-
lichkeit, indem sie sie
›terrorisiert‹, thea-
tralisiert und sicherlich
zu Recht lächerlich
macht (...). Auf diese
Weise wird das Theater
unmittelbar wirksam.«
Peter Handke, 1968

lebendstes Element wiederum die an Straßenaktionen orientierte Kommune I, bestehend aus jungen Aktionisten wie Rainer Langhans, Fritz Teufel, Uschi Obermaier, Dieter Kunzelmann und anderen. Sie hatten 1967 die leer stehende Dachwohnung des nach Amerika übergesiedelten Autors Uwe Johnson (1934–1984) in Berlin bezogen und versuchten dort, mit der eigenen Veränderung die Veränderung der ganzen Gesellschaft vorzubereiten. Zu ihrem Programm gehörten freie Liebe, Drogenexperimente und die Ersetzung der bürgerlichen Kleinfamilie und ihrer Regeln durch ein Freundschaftskollektiv. Doch auch nach außen wirkte die Gruppe und geriet immer wieder in Konflikte mit der Staatsmacht, so nach dem geplanten Puddingattentat auf den US-Vizepräsidenten oder durch ihre zahlreichen satirisch-subversiven Flugblätter. Bei einer der nachfolgenden Gerichtsverhandlungen erwiderte Fritz Teufel dem Richter, der ihn aufforderte, sich zu erheben: »Wenn's denn der Wahrheitsfindung dient.« Mit diesen erfolgreichen Provokationen und einem souveränen Umgang mit den Medien entwickelten sich die Kommunarden zu Popstars – dabei blieb ihr politischer Protest letztlich folgenlos, die Verhältnisse in der Kommune teilweise spießig und patriarchal, so dass die Gruppe schon 1968 an eigenen Widersprüchen zerbrach.

Dennoch wurde die Gruppe auch zu einer wichtigen Inspiration für die literarische Szene: Bernward Vesper gab 1968 in seiner Edition Voltaire das Buch *Klau mich* der Kommunarden Langhans und Teufel heraus (das schon kurz nach seinem Erscheinen beschlagnahmt wurde). Die Autoren Peter Schneider und Reinhard Lettau (*1929) beteiligten sich am Hungerstreik für den zeitweise inhaftierten Fritz Teufel, der Amerikaner Lettau wurde Ende 1967 aus Deutschland ausgewiesen, da er angeblich mit seiner »Berliner Presseanalyse« vom 19. April 1967 die Studenten gegen die Polizei aufgewiegelt hätte: Lettau hatte die Zeitungen einfach zerrissen. Peter Handke sah in der Kommune I eine Theateravantgarde, mit der er sich solidarisiere, »bis die Wirklichkeit ein einziger Spielraum geworden ist«. Und im Prozess um die Flugblätter wurden u.a. die Literaturwissenschaftler Peter Szondi (1929–1971) und Eberhard Lämmert (*1924) als Gutachter herangezogen, ein ganzer Koffer mit Sachliteratur zu Dadaismus, Pop-Art und Happenings musste den Richtern bei ihrem Urteil helfen.

> »Hier in Köln traten auch die Wiener Aktionisten auf. Die kotzten und pinkelten auf die Bühne und warfen das Zeug dann ins Publikum. Das war sozusagen der regressive Flügel der gesellschaftlichen Befreiung. Die Aktionen wurden alle legitimiert durch den Begriff Befreiung.«
> Dieter Wellershoff, 1994 (über die späten Sechziger)

## Das politische Happening

Während sich politisch jedoch wenig änderte, erreichten die Spontis und Kommunarden zumindest eine allgemeine Akzeptanz für Verhaltensweisen, die in den fünfziger Jahren noch geächtet waren. Es wurde auch bei der Jugend in Deutschland normal, in einer Wohngemeinschaft zu wohnen oder auch mal Drogen auszuprobieren. Und das Straßenhappening oder das Flugblatt, die öffentliche Party in Verkleidungen wurden plötzlich normale Kunstformen – Literatur und Theater fanden nicht mehr nur im Elfenbeinturm statt. Diese Tradition belebt jüngst wieder Christoph Schlingensief (*1960) mit seinen Aktionen, in denen er sechs Millionen Arbeitslose im Wolfgangsee schwimmen lassen wollte, Obdachlose in Hamburg für einen Teller Suppe auf eine Bühne stellte oder die Fernsehshow Big Brother in Wien mit Asylbewerbern nachspielte.

**Die Aktionen der Spontis und Kommunarden griffen auch auf subversive literarische Konzepte zurück und zeigten auf, wie leicht der autoritäre Staat zu erschrecken und lächerlich zu machen ist. Auch Autoren beteiligten sich an den Happenings, gewannen Anregungen für ihre eigene Arbeit oder reflektierten literarisch über die Aktionen.**

# Konkrete Poesie und experimentelle Prosa

**Die Autoren der Wiener Gruppe und Vertreter der Konkreten Poesie lösten traditionelle literarische Formen experimentell auf und nutzten Sprache als visuelles und akustisches Material. Einer der Autoren, H. C. Artmann, forderte schon 1964 »Pop-literatur« ein.**

## Wiener Gruppe

»Es wäre heute immerhin an der zeit, sich bei uns zu bequemen, Comic-Writing als das anzuerkennen, was es schon längst ist, nämlich Literatur. Gelesen wird sie von den 97%, die keine ahnung von Joyce und Musil haben (sei's drum), doch wäre es meiner meinung überaus wichtig, dass sich die 3%, die Joyce und Musil (seit wann tun sie's überhaupt?) zu lesen vorgeben, auch über Comic-Writing informieren wollten. (...) Ich aber sage: Pop-literatur ist einer der wege (wenn auch nicht der einzige), der gegenwärtigen literaturmisere zu entlaufen. Anzeichen sind bereits überall zu merken.«

H.C. Artmann,
Das suchen nach dem gestrigen tag oder schnee auf einem heißen brotwecken, 1964

Bereits ein Jahr nach dem Ende des Zweiten Weltkriegs schlossen sich im Wiener artclub avantgardistische Schriftsteller zusammen. Sie richteten sich gegen die erstarrten literarischen Formen und suchten einen direkten Anschluss an die dadaistischen und surrealistischen Formen, die unter den Nazis als »Entartete Kunst« verfolgt worden waren. Eine »wiener gruppe junger autoren« veröffentlichte ab 1951 abstrakte Texte, die von den sprachlichen Elementen – Wörtern, Silben, Buchstaben – als Material ausging und sie nach klanglichen oder optischen Gesichtspunkten anordnete. Die Poesie sollte damit visuell und akustisch erfahrbar werden. Zur Gruppe gehörten H. C. Artmann (1921–2000), der schon 1964 »Pop-literatur« einforderte und mit Dialektgedichten experimentiert hatte, sowie Friedrich Achleitner (\*1930), Konrad Bayer (1932–1964), Gerhard Rühm (\*1930) und Oswald Wiener (\*1935). Am bekanntesten im Umfeld der Wiener Gruppe wurden Friederike Mayröcker (\*1924), die den Stil der surrealistischen ecriture automatique (frz.: automatisches Schreiben) weiterentwickelte, und Ernst Jandl (1925–2000). Jandls Laut- und Sprechgedichte, z.B. in *Laut und Luise* (1966) oder *Sprechblasen* (1968), machten ihn zu einem bekannten Vortragskünstler, der seine Texte auch als Plattenaufnahmen veröffentlichte. Gemeinsam mit den Beat-Autoren Ginsberg, Corso und Trocchi trug Jandl am 11. Juni 1965 in der

Londoner Royal Albert Hall vor 7000 meist jungen Zuhörern Gedichte vor – auf einer Lesung, die den Charakter eines Beat-Konzerts hatte.

## Konkrete Poesie und experimentelle Prosa

In Stuttgart arbeiteten um 1960 Max Bense (1910–1990) und Eugen Gomringer (*1925). Gomringer nannte seine Gedichte »Konstellationen« und brachte den vom Schweden Öyvind Fahlström benutzten Begriff der »Konkreten Poesie«, die nur vom konkreten Text(silben)material ausgeht, nach Deutschland. Vergleichbare Ansätze hatten sich nach dem Ende des Zweiten Weltkriegs auch in den Lautgedichten des französischen Lettrismus (vor allem bei Isidore Idou), in den Objektgedichten des Italieners Carlo Belloni und in den Ideogrammen der brasilianischen Noigandres-Gruppe entwickelt.

Doch der sprachexperimentelle Impuls wirkte noch weiter. Elfriede Jelinek (*1946) parodierte in *Wir sind Lockvögel, Baby* (1970) die sprachlichen Muster des Heimatromans mit Hilfe von Porno-, Horror- und Comicelementen und stellte so gesellschaftliche Macht- und Sinnstrukturen in Frage. Ludwig Harig (*1927) fügte öffentliche Äußerungen von Politikern oder Kirchenvertretern in entstellender und entlarvender Weise zusammen, während Helmut Heißenbüttel (1921–1996) historische Formen in seiner Prosa neu kombinierte. Arno Schmidt (1914–1979) und Ror Wolf (*1932) entwickelten neue Romanformen, Alexander Kluge (*1932) und Herbert Achternbusch (*1938) wandten sich neben ihrer literarischen Arbeit vermehrt dem Medium Film zu und experimentierten dort mit Eingriffen in die Wahrnehmungsweisen im Bereich von Hoch- bzw. Trashkultur.

schtzngrmm
schtzngrmm
t-t-t-t
t-t-t-t
grrrmmmmm
t-t-t-t
s--------c--------h
tzngrmm
tzngrmm
tzngrmm
grrmmmmm
schtzn
schtzn
t-t-t-t
t-t-t-t
schtzngrmm
schtzngrmm
tssssssssssssss
grrt
grrrrrt
grrrrrrrrrt
scht
scht
t-t-t-t-t-t-t-t-t
scht
tzngrmm
tzngrmm
t-t-t-t-t-t-t-t-t
scht
scht
scht
scht
scht
grrrrrrrrrrrrrrrrrrrrrrrrrrrrrrrr
t-tt

Ernst Jandl, schtzngrmm. Eine sprachliche Kriegsszenerie aus dem phonetischen Schützengraben. In: Laut und Luise, 1976

**Neben den Popliteraten zeigten avantgardistische Autoren, dass auch sie auf experimentellem Wege kritisch und provokant mit der Hochkultur umgehen können, ohne sich jedoch von ihr zu distanzieren.**

# Satire und Sprachkritik

**Die »Neue Frankfurter Schule« entwickelte eine sprach-
kritische und satirische Literatur, die sich für neue
Techniken und populäre Themen öffnete, jedoch ein
äußerst kritisches Verhältnis zu ihnen behielt.**

## Neue Frankfurter Schule

»Es war einmal: Einige
brillante junge Leute
taten sich zusammen
und erfanden eine
Sprache, die es so noch
nicht gegeben hatte,
eine Sprache, die gierig
verschlang, was lächer-
lich war an den herr-
schenden Jargons, ein
Idiom, das man nicht
nutzen konnte, ohne
einzugestehen: Die
tradierten Sprechweisen
sind der Wahnsinn und
auf jeden Fall ein Witz.
Die NFS hat uns vorge-
macht, wie wir über die
Welt und die Illusionen,
die wir von ihr haben,
reden können, ohne so
zu tun, als wären wir
schlauer als unsere
Worte. Nachgemacht
haben ihr das viele,
die meisten ziemlich
schlecht, aber wirklich
begriffen, wie viel poli-
tische Sprengkraft im
ästhetischen Programm
der NFS steckte, hat fast
niemand.«
Jürgen Roth/Kay
Sokolowsky, 1997

Einen sehr eigenen Ansatz der Sprach- und Kulturkritik
entwickelte ab 1962 die Satirezeitschrift *Pardon*. Aufge-
baut von Eckhard Henscheid (*1941), Robert Gernhardt
(*1937), F. W. Bernstein (*1939), Friedrich Karl Waechter
(*1937), Chlodwig Poth (*1930) und anderen versuchte
*Pardon*, aktuelle gesellschaftliche Ereignisse und alltags-
sprachliche Redensarten in einer entlarvenden, spötti-
schen Weise zu karikieren. Dabei nutzten die Redakteure
auch Collagen, Comics und Karikaturen.

So entwickelte die »Neue Frankfurter Schule« (eine
Anspielung auf die philosophische Frankfurter Schule
um Horkheimer und Adorno) eine neue Sprache gegen
die herrschenden Jargons. Respektlos gingen Henscheid
und Gernhardt mit Massenereignissen um, nutzten für
ihre Texte die Literaturgeschichte in einer Form kritischer Aneignung. Der postmoderne Anspielungsreich-
tum und die Stilvielfalt, die sich in Henscheids *Trilogie
des laufenden Schwachsinns* (1973–1978) oder Gernhardts
*Wörtersee* (1981) zeigt, wurde von Kritikern zwar oft mit
bloßem Herumblödeln verwechselt. In ihren Gedichten,
Anekdoten, Essays oder Polemiken ging es jedoch um
die differenzierte Entlarvung der »Welthirnjauche« (Karl
Kraus). Der respektlose Ton im Umgang mit Autoritäten,
den *Pardon* und ab 1979 die *Titanic* anschlugen, schlug
dann bei Unterhaltungsstars der jüngsten Comedywelle
wie Ingolf Lück (*1958) oder Stefan Raab (*1966) um
in das von Henscheid immer wieder analysierte *Dumm-
deutsch* (1985). Während Lück und Raab wöchentlich Millionen Fernsehzuschauer haben, mussten sich *Pardon*

sechsmal und die Titanic gleich 31 mal vor Gericht verantworten.

## Zweite Generation der Neuen Frankfurter Schule

Doch es gibt noch einige jüngere Autoren, die das Programm der Neuen Frankfurter Schule fortschreiben. Sie produzieren vor allem Polemiken, Kommentare oder Essays, die sich in Zeitschriften wie *Titanic*, *Konkret* oder auf der Wahrheitsseite der *taz* finden. Wiglaf Droste (*1961) und Gerhard Henschel (*1962) karikieren in *Der Barbier von Bebra* (1996) und *Der Mullah von Bullerbü* (2000) aktuelle Politikerfiguren. Jürgen Roth (*1968) nimmt sich des Sprachmülls der Medien an: In *Verona*

Titanic 11/1999

*Feldbusch. Geschichte eines Lebens* (2000) konstruiert er aus den Medienfloskeln über diese Kunstfigur ihre mögliche Biografie, in *Heribert Faßbender: Gesammelte Werke. Band IX/5. Europameisterschaft 1996: Italien – Deutschland* (1998) versieht er die Livereportage Faßbenders mit einem umfangreichen Fußnotenapparat. Klaus Bittermann (*1952) gibt in seiner Edition Tiamat verschiedene Sammelbände mit Polemiken heraus, wie *Das große Rhabarbern. 39 Fallstudien über die Talkshow* (1996) oder die jährlich erscheinenden Anthologien *Warum sachlich, wenn's auch persönlich geht? Das Who's who peinlicher Personen* (1997 ff.). Max Goldt (*1958) befasst sich als Titanic-Kolumnist mit den Absurditäten und Banalitäten des Alltagslebens.

»Was Max Horkheimer/Theodor W. Adorno als ›Dialektik der Aufklärung‹ beschreiben, diese Analyse leistet in sozusagen komischer Optik und virtuos verkürzt ggf. auch ein ›Schnuffi‹-Zeichenstrip von Gernhardt, in welchem der Held zwar allzeit Gutes bewirkt, in dem aber eine ihn begleitende Maus im vierten Bildchen notorisch besoffen ist.«

Eckhard Henscheid, 1984

**Die »Neue Frankfurter Schule« wurde immer wieder auf unterhaltende Comedy reduziert. Im Unterschied dazu schreiben hier jedoch Autoren, die sich entlarvend oder polemisch kritisch mit der deutschen Politik und Kultur, den Medien oder dem Alltag auseinander setzen.**

# Poptheorie

**In den neunziger Jahren verlor sich die Hoffnung, durch die Popkultur subversiv wirken zu können. Viele Elemente der Popkultur wurden vom Mainstream der Spaßgesellschaft und vom bürgerlichen Feuilleton aufgenommen.**

## The Kids are not allright

»Es ist überhaupt kein Wunder, dass der Begriff Pop heute schwer umkämpft ist. Eine Mainstream-Medienmaschine muss sich endgültig eines Begriffs bemächtigen, der für die gesellschaftliche Repräsentation unabdingbar ist. Pop, das klingt immer noch fortschrittlich, bunt, interessant und vielfältig. Pop klingt wie die repräsentative Lüge einer Gesellschaft, die in ihrer scheinbaren Diversifizierung die ungeheuerlichste Kapitalkonzentration erlebt und die in ihrer scheinbaren Freiheit die scheußlichsten Formen von Ausbeutung und Ausschluss einführt. Die einzelnen Pop-Produkte dienen ebenso wie Architektur, Kunst etc. der ästhetischen Selbstdefinition der Kontrollgesellschaft. Pop ist in diesem Sinne nichts anderes als eine Shopping Mall.«
Tom Holert/Mark Terkessidis, 1996

Von Beginn der achtziger bis Mitte der neunziger Jahre hatte die Debatte um Postmoderne und Poptheorie in intellektuellen wie auch in subkulturellen Kreisen einen großen Schub bekommen. Viele Bücher der französischen Postmoderne-Philosophen erschienen beim Berliner Merve Verlag. Die Edition Nautilus legte zahlreiche Texte der Situationisten wieder auf, deren Ideen so eine neue Generation von politisch-kulturell interessierten Lesern erreichten. Blätter wie *Sounds, Spex, Texte zur Kunst* und *Die Beute* sahen in einer veränderten, vielfältigen Jugendkultur Widerstandspotenziale und untersuchten die gesellschaftliche Bedeutung von Musik, Literatur, Events und Subkulturen – wie dies in den siebziger Jahren bereits Helmut Salzinger (*1935) in *Rock Power oder Wie musikalisch ist die Revolution? Ein Essay über Pop-Musik und Gegenkultur* (1972) und anderen Essays versucht hatte. Diedrich Diederichsen (*1957) mit seiner Essaysammlung *Sexbeat: 1972 bis heute* (1985) und dem Roman *Herr Dietrichsen* (1987) war um den Nachweis bemüht, dass Pop als Theorie und Praxis kritisches und subversives Potenzial besitze. Er sah in spezifischen Teilen der Popkultur Elemente, die zu einem Umbau der Welt im Sinne sexueller Befreiung, (englischsprachiger) Internationalität, der Emanzipation von Minoritäten und dem Kampf gegen Institutionen, Hierarchien, Autoritäten und protestantische Arbeitsethik beitragen könnten. Anfang der neunziger Jahre, als der Nazirock Bestandteil einer neuen rechten Jugendkultur und die Begleitmusik für rassis-

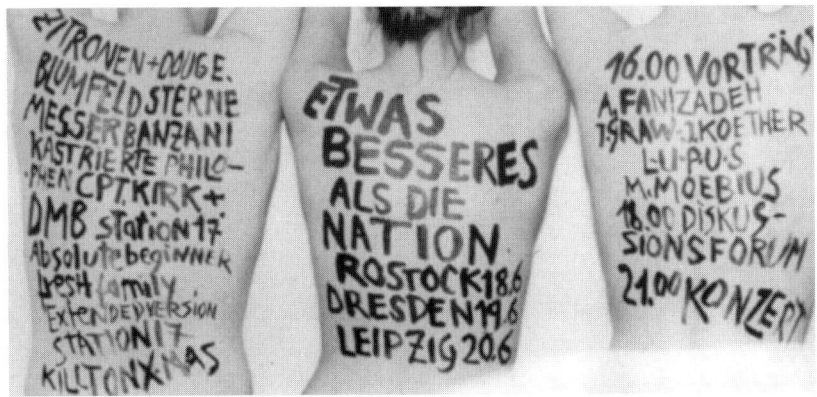

tische Überfälle wurde, revidierte er seine Position. Jugend und Pop garantierten eben nicht zugleich auch Subversivität.

Zudem okkupierte die Kulturindustrie die Nischen der Gegenkulturen und deren Produkte: Die Independent-Musik gelangte – beispielsweise 1991 mit Nirvana – problemlos in die Charts, ab 1996 wurde die Berliner Love Parade zu einem monumentalen Ereignis, das auch konservative Politiker begrüßten. Wurden in den siebziger und achtziger Jahren noch massenkulturelle Produkte durch Subkulturen kreativ genutzt, so drehte sich in den neunziger Jahren dieses Verhältnis um. Tom Holert (*1962) und Mark Terkessidis (*1966) formulierten im von ihnen herausgegebenen Band *Mainstream der Minderheiten. Pop in der Kontrollgesellschaft* (1996) diese Zweifel am Gelingen einer neuen kritischen Popkultur.

## Popjournalismus

In den neunziger Jahren wurden die Impulse der Pop-Linken zudem von den Feuilletons der *FAZ*, der *Zeit*, der *Süddeutschen Zeitung* oder des *Spiegel* aufgenommen und damit neutralisiert. Hatte schon das Lifestyle-Magazin *Tempo* seit Mitte der achtziger Jahre gezeigt, wie Popjournalismus als reine Trendberichterstattung funktionieren kann, so öffneten sich zunehmend auch Blätter der gesellschaftlichen Mitte den neuen Tendenzen. Die

1992/93 gründete in einigen deutschen Städten die so genannte Poplinke Initiativen gegen die rassistischen Überfälle und die zunehmende Akzeptanz rechter Positionen in Kultur und Politik. Linke Musiker, Journalisten, Autoren und Aktivisten veranstalteten unter dem Label »Wohlfahrtsausschüsse« bis 1995 Konzerte, Vorträge und Diskussionen, u.a. die Rundreise »Etwas Besseres als die Nation«.

»Im Zeichen einer durchgreifenden Ästhetisierung des Alltags hat die Jugend- und Popkultur den Nimbus des Widerständigen weitgehend eingebüßt.«
Dirk Frank, 2000

Journalisten Thomas Groß und Ulf Poschardt (*1967) waren an dieser Entwicklung maßgeblich beteiligt. Beide hatten über Pop-Phänomene promoviert, Groß schrieb in *Alltagserkundungen* (1993) über Rolf Dieter Brinkmann, Poschardt über die *DJ-Culture* (1995). Ein *Spiegel Spezial*-Heft setzte sich 1994 mit dem Thema *Pop und Politik* auseinander, Groß arbeitete für das Feuilleton der *taz* und später für die *Zeit*, Poschardt wurde Chef des *Magazins der Süddeutschen Zeitung*, auch die Brüder Christian und Claudius Seidl nutzten ihre Positionen im Feuilleton bzw. *jetzt*-Jugendmagazin der *Süddeutschen Zeitung*, um den Popjournalismus zu protegieren. Dadurch integrierten sie Blickrichtungen und Ansätze, die ihre subversive Kraft gerade aus ihrer Minderheitenposition zu gewinnen suchten, in die Kultur der bürgerlichen Mitte. Die spätere Generation junger Popliteraten wie Christian Kracht (*Tempo*, *Spiegel*), Benjamin von Stuckrad-Barre (*taz*, *jetzt-magazin*) und Benjamin Lebert (*jetzt-magazin*) sammelte in diesem Umfeld ihre ersten journalistischen Erfahrungen. Wie weit diese Verschmelzung ging, zeigt, dass heute sogar die *FAZ* ihre Berlin-Seiten von Florian Illies leiten lässt, der Popideen einbringt und u. a. Diederichsen, Schlingensief und Stuckrad-Barre für sich schreiben lässt.

### Suhrkamp-Autoren: Goetz, Neumeister, Meinecke

Neben diesen Entwicklungen in der Poptheorie und im Journalismus gab es auch neue Popautoren in den achtziger Jahren. Rainald Goetz (*1954), Andreas Neumeister (*1959) und Thomas Meinecke (*1955) befassten sich intensiv mit Jugend- und Musikkulturen und postmodernen Theorien, arbeiteten auch als DJ's. Interessant ist, dass sie ab Ende der achtziger Jahre beim Frankfurter Suhrkamp Verlag verlegt wurden, der zuvor (und auch danach) Hauptangriffsziel der Kritiker einer akademischen, hochkulturellen Literatur war. Der Suhrkamp Verlag warb schließlich 1998 für seine neuen Bücher *Rave* (Goetz), *Gut laut* (Neumeister) und *Tomboy* (Meinecke), indem er die Buchcover abdruckte und daneben einfach das Wort »Pop« schrieb – kurz bevor die Inflation des Popliteratur-Begriffs ihren Höhepunkt erreichte.

Rainald Goetz wurde 1983 bekannt durch seinen Auftritt beim Ingeborg-Bachmann-Wettbewerb, als er sich während seines Vortrags die Stirn aufschnitt und damit einen Skandal provozierte. Sein erster Roman hieß *Irre* (1983). Goetz befasste sich kontinuierlich mit der Entwicklung von Jugendkulturen; in *Rave* zum Beispiel beschreibt er die Oberflächen der Techno- und Club-Szene und sein Leben darin. Andreas Neumeister setzt seine Erzählungen aus autobiografischen Erinnerungen oder Erlebnissen, historischen Ereignissen, Fotografien und anderen Textfetzen zusammen. In *Gut laut* surft er durch die Musik und Geschichte der siebziger und achtziger Jahre, kennzeichnet sie als den Übergang zur digitalen Musik und damit als den Schritt vom »Katastrophenjahrhundert« zum 21. Jahrhundert.

Thomas Meinecke ist seit 1980 Teil der Münchener Band FSK und arbeitete als Radio-Moderator und DJ. Später veröffentlichte er Romane, wobei ihm Schreiben stets auch Lesen ist. Typisch für seine Schreibweise ist daher *Tomboy*, worin er die Lektüre feministischer Theorie (Butler und Silvia Bovenschen) und deren Fundamente (Foucault, Derrida, Lacan) in seinen Roman einstrickt.

Mit dem Graphiker Johannes Jansen (*1966), der der Prenzlauer-Berg-Szene entstammt, dem Lyriker Thomas Kling (*1957) und dem Dramatiker und Lyriker Albert Ostermaier (*1967) veröffentlichen noch andere Autoren bei Suhrkamp, die ihre Skepsis gegenüber den traditionellen literarischen Formen experimentell umsetzen.

»Die beschissene S-Straße in beiden Fahrtrichtungen zu betanzen ist die süße Rache an der beschissenen S-Straße. Dies ist ein Umzug zur Abschaffung der Feldherrnepoche. Dies ist ein Beitrag zur Abschaffung des Katastrophenjahrhunderts. (...) Dies ist eine Spaßverteidigungsveranstaltung. Check the speakers, join the Move! Dies ist eine Lärmverteidigungsveranstaltung. Wo ist das Schall-Mobil? Ein Hoch auf die Hochfrequenzen! Ein Hoch auf die Hörakustik! Ein Hoch auf Hörakustik Geers! (...) Wer tanzt, ist unverwundbar, wer nicht tanzt, ist verloren.«

Andreas Neumeister, Gut laut, 1998

**Während der bürgerliche Kulturbetrieb in den neunziger Jahren Elemente der Poptheorie aufnahm und dadurch neutralisierte, veröffentlichten verschiedene Popautoren ihre Texte bei einem Verlag, der eigentlich als Spitze der Hochkultur galt.**

# Popliteratur im Ausland

**Die Popliteratur in anderen europäischen Ländern und in den USA formierte sich in den neunziger Jahren anders als noch vor dreißig Jahren. Sie wurde selbst Geschichte und Teil des Mainstreams und nahm Positionen ein, gegen die sie in den sechziger Jahren noch gekämpft hatte.**

## Popliteratur aus Unterschichten und Subkulturen

In Großbritannien orientiert sich Nick Hornby (*1957) an Martin Amis (*1949) und hatte mit seinem Roman *Fever Pitch* (1992, dt. *Fever Pitch. Ballfieber – die Geschichte eines Fans*), einem Bericht aus dem launigen Leben eines Fußballfans, einen überraschend großen Erfolg. Ebenso flott geschrieben ist sein Roman *High Fidelity* (1995, dt. *High Fidelity*): Die Freundin des Protagonisten hat sich von ihm getrennt, zur Verarbeitung erinnert er sich an seine Jugend und alte Songs – das Prinzip Pop wird historisch. Es geht weniger um aktuelle Trends und Gegenwart denn um nostalgische Rückblicke – eine neue Stufe der Popliteratur ist erreicht.

Der Schotte Irvine Welsh (*1958) schreibt über Men-

Li.: Irvine Welsh: Trainspotting, dt. Originalausgabe Rogner & Bernhard 1996 (1993)

Re.: Nick Hornby: High Fidelity, dt. Originalausgabe Kiepenheuer & Witsch 1996 (1995)

schen aus der Unterklasse, die sich mit Drogen durch das Leben kämpfen. Sein bekanntestes Buch ist *Trainspotting* (1993, dt. *Trainspotting*): Mit Hilfe von Slang und Dialekt, schamlos und direkt beschreibt er das aussichtslose Leben von Drogenabhängigen, die aber ihre Sucht durchaus lustvoll leben. Anklagen gegen den Staat – wie noch in den Texten der Beat Generation – fehlen bei ihm, seine Texte zeigen die Gegenwart als Tatsache, die brutal und spaßig zugleich sein kann. Der Londoner Stewart Home (\*1962) fand seine Stoffe zunächst in der Punk- und Skinhead-Szene und befasste sich vor allem mit der Auflösung von Ideologien. Viele seiner Aufsätze erschienen unter dem allgemeinen Leihnamen Luther Blissett – Home spielte mit multiplen Identitäten, getreu seinem Motto »Belief is the enemy«. Im anspielungsreichen *Pure Mania* (1989, dt. *Purer Wahnsinn*) schickt Home ein ökoterroristisches Pärchen auf eine skurrile Reise.

## Popliteratur von Paris bis Reykjavík, von Prag bis Kopenhagen

Auch in anderen europäischen Ländern schreiben Autoren über Subkulturen oder Unterschichtsleben. Der ehemalige Stand-up-Comedian und Comiczeichner Hallgrímur Helgason (\*1959) berichtet im isländischen Kultbuch *Reykjavík 101* (1998) aus dem Nachtleben der isländischen Hauptstadt. Der Tscheche Joachim Topol (\*1962) lebt in einem Prager Arbeiterviertel und beschreibt das dortige Leben in seinem Roman *Andel* (1995, dt. *Angel Acid*). Auch der Däne Jan Sonnergaard (\*1963) schreibt in *Radiator. Geschichten aus der Kopenhagener Provinz* (2000) über das Großstadtleben aus der Unterschichtsperspektive. Françoise Cactus kam 1989 von Paris nach Berlin und ist momentan Teil des Musikduos Stereo Total. In *Autobigophonie. Abenteuer einer Provinzblume* (1996) berichtet sie vom Weg ihrer Hauptdarstellerin von einem Pferdestall in Frankreich in die Hausbesetzerszene nach Berlin.

Der Belgier Elvis Peeters machte sich einen Namen als Sänger und Texter der Gruppen Aroma di Amore und De

»Entscheide dich fürs Leben. Entscheide dich für Hypothekenraten; Waschmaschinen; Autos; entscheide dich dafür, auf der Couch rumzusitzen und bescheuerte, nervtötende Gameshows anzuglotzen, während du dir beschissenes Junkfood in den Mund stopfst. Entscheide dich dafür, langsam zu verrotten, dich im Pflegeheim vollzupissen und einzuscheißen, dass es deinen selbstsüchtigen, versauten Blagen, die du in die Welt gesetzt hast, peinlich ist. Entscheide dich fürs Leben. Also, ich hab mich entschieden, mich nich fürs Leben zu entscheiden. Wenn die Ärsche damit nich klar kommen, is das deren Problem.«

Irvine Welsh, Trainspotting, 1993

Legende, bevor er mit seinen Erzählungen, Theatertexten und dem Roman *Spa* (1998) an die Öffentlichkeit trat. Wesentlich bekannter als Peeters ist jedoch Herman Brusselmans (*1957), der sich als allmächtiger jugendhafter Held inszeniert. 1999 musste er nach einem Prozess gegen die Modedesignerin Ann Demeulemeester Stellen in seinem Buch *Uitgeverij Guggenheim* schwärzen, da er darin über ihr Sexualleben fantasierte.

### Popliteratur aus der Welt der Reichen

Popliteratur wurde ein historisches Phänomen und zugleich Teil des Mainstreams. Sie war nicht mehr allein Ausdrucksmittel von Unterdrückten oder Subkulturen, sondern wurde auch von bürgerlichen Trend- und Lifestyle-Autoren genutzt, die kühl und sarkastisch die Gewalt und Brutalität unter den hübschen Oberflächendesigns der neuen Medien und der globalisierten Welt aufzeigten und zugleich die Folgen der emanzipatorischen Bewegungen der sechziger Jahre angriffen.

Der amerikanische Autor Bret Easton Ellis (*1964) ließ in *American Psycho* (1991, dt. *American Psycho*) seinen Protagonisten Patrick Bateman, einen Yuppie aus New York, aus purer Langeweile im Sex- und Drogenrausch Morde begehen. Die brutalen Folterungen und Vergewaltigungen, die Ellis beschreibt, sorgten dafür, dass das Buch von der amerikanischen Frauenbewegung boykottiert und in den USA wie auch in Deutschland zeitweise verboten wurde. Ellis wurde zum Skandalautor, verstand sich selbst jedoch als Satiriker und Moralist, der die perversen Auswüchse der Gesellschaft und ihre falschen Glücksversprechen analysiere. Auch der Spanier José Angel Manas (*1971) beschreibt in *Historias del Kronen* (1994, dt. *Die Kronen-Bar*) die Kronen-Bar in Madrid als einen Ort, in dem sich reiche Jugendliche treffen, die sich – um überhaupt noch einen Kick zu fühlen – in Drogen, brutalen Sex und Partyorgien stürzen, die sich schließlich auch in den Mord steigern. Françoise Emmanuel, ein belgischer Psychoanalytiker, zeigt in seiner New-Economy-Erzählung *Die Welt des Menschen* (2000), wie menschenbeschreibende Begriffe durch Warenbegriffe ersetzt werden und welche Folgen das für die Angestellten hat.

Der Franzose Michel Houellebecq (\*1958) rechnet in seinen Romanen *Extension de domaine de la lutte* (1994, dt. *Ausweitung der Kampfzone*) und *Les particules élémentaire* (1998, dt. *Elementarteilchen*) mit den Emanzipationsbewegungen der sechziger Jahre ab, die zu öder Promiskuität und leerer Selbstverwirklichung geführt hätten. Er entwickelt demgegenüber die gentechnische Utopie einer von der Fortpflanzung befreiten Sexualität, gegen das Verschwinden von Liebe und Treue. Houellebecq vertritt eine sehr ambivalente Position, etwa in der Diskussion mit dem Philosophen Peter Sloterdijk, wenn er sich hinter fragwürdige biologistische Thesen stellt, während er andererseits in seinen Essays *Interventions* (1998, dt. *Die Welt als Supermarkt*) kritisch mit den aktuellen gesellschaftlichen Verhältnissen umgeht. Zuletzt trat er als Sänger auf und gab die CD *Présence humaine* (2000) heraus.

Vor allem die Motive und der Ton von Nick Hornby sowie die Markenverliebtheit von Ellis wurden mit etwa fünfjähriger Verzögerung wichtig für die deutsche Popliteratur. Während sich im Ausland jedoch noch immer Autoren bemühten, Underdogs in der Literatur eine Artikulationsmöglichkeit zu geben, wurde der Boom der Popliteratur in Deutschland mit Texten erreicht, die aus und von der Yuppie-Welt erzählen.

Michel Houellebecq, in: Die Zeit, 40/1999

»Immer die gleiche Predigt. Der Alte fängt an, darüber zu reden, wie schwer sie es bei allem hatten, wie sie gekämpft haben, um uns alles zu geben, was wir jetzt haben. Demokratie, Freiheit und so weiter und so weiter. Die pseudoprogressive Achtundsechziger-Weltverbesserer-Leier. Dabei haben die Alten alles, den Schotter und die Macht. Nicht einmal die Rebellion haben sie uns gelassen: Die haben schon die Scheißmarxisten und die Scheißhippies aus seiner Jugend aufgebraucht.«

Jose Angel Manas, Die Kronen-Bar, 1994

**Die Popliteratur präsentierte sich am Ende des 20. Jahrhunderts mit einer neuen Leichtigkeit und neuen Perspektiven. Dabei verlor sie jedoch ihren rebellischen Gestus und zeigte sich tauglich für die Mainstream-Unterhaltung.**

# Debatte um die deutsche Gegenwartsliteratur

**In den achtziger Jahren und noch stärker nach der »Wende« in den neunziger Jahren fand in Deutschland eine Restauration nationaler Werte statt. Das Schlagwort von der »selbstbewussten Nation« wirkte auch im Bereich der Literatur.**

## Der Mauerfall, das »Ende der Geschichte« und die kulturelle Restauration

»Welche Chancen hat nun jenes ›gute‹ Buch, es stammt von einem jungen deutschen Schriftsteller, die Gunst seines Besitzers auf sich zu lenken? Es hat nur eine: Es muss ihm Vergnügen machen. (...) Jede Art von Literatur ist erlaubt, außer der langweiligen.«

Uwe Wittstock, 1993

Ende der achtziger Jahre löste sich der Ostblock unter Gorbatschows Leitung selbst auf, die realsozialistischen Staaten beendeten den Kalten Krieg und schlossen sich der kapitalistischen »Neuen Weltordnung« an. Der Amerikaner Francis Fukuyama (\*1952) beschwor 1992 das »Ende der Geschichte«, denn es gehe nun nur noch um die Einrichtung dieser eindimensionalen, kapitalistischen Welt. Nach dem Fall der Mauer 1989 und der unter Helmut Kohl 1990 vollzogenen staatlichen Vereinigung von BRD und DDR bemühten sich deutsche Intellektuelle um die ideologische Rekonstruktion der »selbstbewussten Nation« Deutschland. *Die selbstbewusste Nation* lautet auch der Titel eines Buches, in dem Heimo Schwilk und Ulrich Schacht 1994 rechtskonservative Aufsätze, u.a. des Dramatikers Botho Strauß (\*1944), zusammenstellten. Die wieder erreichte Souveränität und Größe Deutschlands blieb nicht ohne Folgen: In Rostock (1991), Hoyerswerda (1991), Mölln (1992) und Solingen (1993) wurden rassistische Morde oder Pogrome gegen Ausländer verübt. Der Bundestag entschied, 1998 den deutschen Regierungssitz vom kleinen, beschaulichen Bonn in die »Metropole« Berlin zu verlegen. 1999 beteiligte sich auch die Bundeswehr erstmals seit ihrem Bestehen an offensiven kriegerischen Auseinandersetzungen.

## Die jungen Wilden und die Prima-Film-Literatur

In dieser Phase politisch-kultureller Restauration versuchten auch recht unterschiedliche junge Lektoren und Autoren, in einer intensiven Debatte zwischen 1989 und 1995 zu bestimmen, welchen Weg die Literatur im vereinten Deutschland zu gehen habe. Lektoren wie Martin Hielscher (*1957) und Uwe Wittstock (*1955), Autoren wie Maxim Biller (*1960) und Matthias Altenburg (*1958), allesamt also nach dem Zweiten Weltkrieg Geborene, erklärten unabhängig voneinander die deutsche Literatur zwischen 1945 und 1989 für ein langweiliges akademisches Geschehen. Unter viel zu vielen ästhetischen Zwängen stehend, seien die Bücher geprägt von Reduktion, Askese und Hermetik, letztlich Ausgeburt hochkultureller Arroganz. Diese Literatur interessiere jedoch außerhalb der Elfenbeintürme niemanden, daher verkaufe sie sich weder in Deutschland noch international. Die Zeit der ästhetischen Büßerhaltung sei jedoch nun vorbei. Man müsse nicht mehr an die Frage einer Ästhetik nach Auschwitz, sondern dürfe auch wieder einfach an die Buchverkaufszahlen denken. Es gehe nun also darum, umfassend die Impulse von amerikanischer Unterhaltungsliteratur, Popliteratur, Magazinjournalismus und Filmästhetik in die Literatur aufzunehmen, also ein »neues Erzählen« zu entwickeln, das fernab experimenteller Prosa einfach wieder den Mut habe, Geschichten zu erzählen – sei es auch nur als gehobene Unterhaltung. Gegen den reflexiven, antifaschistischen Gestus der so genannten Suhrkamp-Kultur (im Frankfurter Suhrkamp-Verlag erschienen die meisten angegriffenen Bücher) forderten sie damit Romane, die so unterhaltsam sein sollten wie »ein prima Film« (Biller) oder ein »Videospiel« (Altenburg). Hielscher selbst gab folgerichtig 1996 den Band *Wenn der Kater kommt. Neues Erzählen* heraus, der den Beginn dieser neuen Zeit markieren sollte. Natürlich schrieben darin auch Biller und Altenburg, aber auch spätere Stars der Literaturszene wie Ingo Schulze (*1962), Karen Duve (*1961), Christian Kracht (*1966) oder Eckhart Nickel (*1966). Damit war eine

»Es gibt keine Literatur mehr. Das, was heute in Deutschland so heißt, wird von niemandem gekauft und gelesen, außer von Lektoren und Rezensenten, den Autoren selbst und einigen letzten, versprengten Bildungsbürgern. (...) Ich glaube, man kann die Literatur retten. Man muss einfach nur so lange gegen die selbstgefällige Sturheit der Altavantgardisten und Literaturnomenklaturisten anreden und anschreiben, bis es wieder anständige Romane gibt. Romane, die man in einem Ruck durchliest. Die man liebt, die man genauso atemlos und gebannt durchlebt wie eine gute Reportage, einen prima Film.«

Maxim Biller, 1991

Li.: Martin Hielscher
(Hg.): Wenn der Kater
kommt. Neues Erzählen
– 38 deutschsprachige
Autorinnen und Auto-
ren, Kiepenheuer &
Witsch 1996

Re.: Christian Döring
(Hg.): Lesen im Buch der
edition suhrkamp,
Suhrkamp 1995

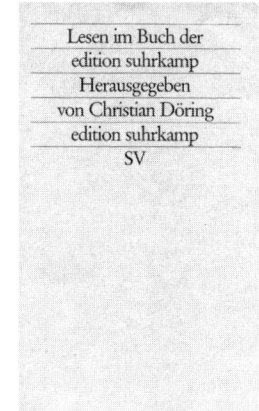

»›Langweilig‹ ist (...)
keine ästhetische
Kategorie. Etwas als
langweilig zu charakte-
risieren, sagt nichts
über die künstlerische
Qualität des Gegenstan-
des aus (...) Der Vor-
wurf, ein Buch sei lang-
weilig, ist kein ernst zu
nehmender Vorwurf,
denn er fordert von Li-
teratur, was sie, zum
Glück, nicht zu geben
braucht. (...) ›Langweilige‹ Literatur nötigt
dazu, die Blickwinkel zu
wechseln und die Dinge
in neuem Licht zu
sehen. Sie gestattet
in ihrer retardierenden
Wirkung, sich in die
dargestellte Welt zu
versenken und die
oberflächlichen Attrak-
tionen zu durchdrin-
gen. ›Große‹ Literatur,
die vor ›großen‹ Fragen
nicht Halt macht, will
auch erarbeitet werden,
strengt mitunter an.«
Rainer Moritz, 1998

wichtige Voraussetzung für den großen Erfolg gerade
der neuen Popliteratur in den Folgejahren geschaffen.

## Kritik am neuen Erzählen

Kritiker der Debatte, wie der Verleger Siegfried Unseld
(*1924) und die Literaturkritiker Heinrich Vormweg
(*1928) oder Reinhard Baumgart (*1929), beklagten,
dass hier eine Literaturdebatte geführt werde, die nicht
eine ästhetische Kategorie neu einführe, sondern vielmehr sämtliche Kategorien zerstöre. Im Gegensatz z. B.
zum Dadaismus würden hier weder neue Ebenen der
Sprachreflexion noch neue Konzepte entwickelt. Die
»jungen Wilden« wollten vielmehr die Literatur ihrer
ureigensten Qualitäten berauben, sie der niveaulosen
Medienkultur anschließen und dadurch die Literatur
als solche auflösen. Letztlich handele es sich um eine
»Literaturzerstörung« (Vormweg), die Literatur zu einem
Drehbuchlieferanten auf Boulevardniveau herabwürdi-
ge. Dem stellte der Suhrkamp-Verlag Bücher wie z. B.
*Deutschsprachige Gegenwartsliteratur. Wider ihre Verächter*
(1995, hg. von Christian Döring) entgegen, die versuchten, die Literatur mit der veränderten Medienwirklichkeit
zu konfrontieren, sie aber nicht dieser anzugleichen oder
unterzuordnen. Auch Roger Willemsen (*1955) verwies
darauf, dass bei den jungen Wilden die Erneuerung der

Li.: Christian Döring (Hg.): Deutschsprachige Gegenwartsliteratur. Wider ihre Verächter, Suhrkamp 1995

Re.: Andrea Köhler/ Rainer Moritz (Hg.): Maulhelden und Königskinder. Zur Debatte über die deutschsprachige Gegenwartsliteratur, Reclam 1998

Literatur mit Argumenten begründet wurde, die zugleich ihre Abschaffung legitimieren könnten. Im neuen Erzählen gehe es nicht um neue Techniken oder ästhetische Ideen, sondern um einen flotten und unterhaltsamen Schreibstil, der zum wichtigsten künstlerischen Kriterium erklärt werde, damit Bücher sich im Fernseh- und Computerzeitalter besser verkaufen könnten.

Im Prinzip wurden in dieser Debatte vor allem jene Argumente ausgetauscht, die schon 1968 Fiedler und Brinkmann sowie deren Gegner benutzt hatten. Der Hauptunterschied lag darin, dass Brinkmann damals einen literarischen (Pop-)Underground außerhalb des bestehenden Kulturbetriebs begründen wollte, während Pop nun zu einem verkaufsfördernden Markenzeichen innerhalb des Kulturbetriebs recycelt werden sollte – und sich diese Bemühungen als durchschlagender Erfolg erwiesen: Das Gejammer über die akademische, langweilige und unverkäufliche deutsche Literatur kippte ab 1995 um in eine Aufbruchstimmung, und man freute sich über die Erfolge.

»Die Tatsache, dass hier eine ›Literaturdebatte‹ ohne Gewinn oder Anspruchnahme einer einzigen ästhetischen oder kritischen Kategorie geführt wird, ist Symptom für das Dilemma der Literatur selbst. Sie hat ihr Programm im Design (...). Das einzig Neue an dieser jüngsten Literaturdebatte ist in der Tat, dass sie völlig ohne eine qualifizierende Bestimmung der Inhalte auskommt, um die sie streitet.«

Roger Willemsen, 1992

**Ab 1990 orientierte sich die Literatur in Deutschland stärker an Kinoästhetik und Unterhaltungskultur. Dies hatte schnell höhere Verkaufszahlen zur Folge, jedoch auch einen Verlust kritischer und künstlerischer Qualitäten.**

# Generationenbilder

**Die »Wende« in Deutschland bot Anlass für die Erfindung einer neuen Generation. Die Generation »X«, »Berlin« oder »Golf« wurde beschrieben als eine flexible, pragmatische Jugend, die sich zunehmend an konservativen Werten orientierte.**

## Von Flakhelfern, 68ern und 89ern

»Die jungen Milden: Sie halten Sex für überschätzt, Rebellion für eine hohle Geste und beharren auf dem Recht, ihre Vorstellungen vom Lebensglück individuell und auf eigene Rechnung zu verwirklichen: Nach den skeptischen Jungen der Aufbaujahre, den Revoluzzern von '68 und der Spaßguerilla der Neunziger präsentiert sich die Jugend der Jahrtausendwende als pragmatische Generation.«

Der Spiegel, 28/1999

Ein wichtiger Hintergrund für den Boom der jungen deutschen Literatur war die Tatsache, dass nach dem Fall der Mauer 1989 viele Soziologen und Feuilletonisten meinten, eine neue Generation entdeckt zu haben, und den (literarischen) Äußerungen der jungen Leute und deren Inhalten sehr interessiert lauschten. Wer aber von einer Generation redet, muss sich fragen lassen, was er damit bezweckt – und warum er die Gesellschaft z.B. nicht eher nach sozialen Unterschieden untersucht.

Der Soziologe Karl Mannheim definierte 1928 eine Generation als einen Kreis etwa gleichaltriger Menschen, der zur Jugendzeit bestimmte prägende Ereignisse erlebe und dadurch ein Gruppengefühl entwickele. So sprach man in der BRD von der »Flakhelfer-Generation« bzw. »Generation HJ« (Hitler-Jugend), die in den letzten Kriegsjahren noch in den Krieg eintrat und diese traumatische Erfahrung durch hartes Arbeiten im Wirtschaftswunder verdrängt habe, sowie von der »68er-Generation«, den Kindern jener Flakhelfer, die sich erstmals kritisch gegen die Verdrängung des Nationalsozialismus gestellt und den Nachkriegsmuff in Deutschland aufgebrochen hätten.

1995 erschien das Buch *Die 89er* des Soziologen Claus Leggewie (*1950), in dem er den Mauerfall zu einem generationsprägenden Ereignis für die deutschen Jugendlichen, die zwischen 1965 und 1975 geboren wurden, erklärte. Sie seien politisch illusionslos, zugleich aber nachdenklich, stark individualisiert und clever im Umgang mit den neuen Medien. Ihr Lebensstil sei ein Sampling aus Versatzstücken vergangener Zeiten. Schnell wurde diese Kategorie aufgenommen durch Intellektuelle der Neuen Rechten (z. B. in der Zeitung *Junge Freiheit*), die in den 89ern eine Generation rechtsnationaler Erneuerer sahen.

## Generation X, Y, Golf, Berlin, @

Der Begriff Generation erlebte – unter dem Hintergrund vom angeblichen »Ende der Geschichte« und der deutschen Vereinigung – in der Folgezeit einen Boom. Viele nahmen die These des amerikanischen Autors Douglas Coupland (*1961) auf, die *Generation X* (1991, dt. *Generation X. Geschichten für eine immer schneller werdende Kultur*) sei eine sehr flexible Generation, die sich weitgehend von festen Werten und Lebensentwürfen gelöst habe und deren Leben von starken Brüchen gekennzeichnet sei – passend, dass der bekannteste Song der gleichnamigen Band »Dancing With Myself« lautet.

In Deutschland redete der Soziologe Heinz Bude nach dem Regierungsumzug von der »Generation Berlin«, die neue Zeit wurde Berliner Republik genannt. Der FAZ-Redakteur Florian Illies (*1971) schuf – in großer Nähe zu Christian Kracht und Benjamin von Stuckrad-Barre – den konservativen Entwurf einer *Generation Golf* (2000): In völliger Abgrenzung zu den 68ern seien seine Generationsgefährten unpolitisch und vor allem an Wohlstand und konservativen Werten interessiert. Die Zeit der Utopien sei vorbei, der jungen Generation gehe es nur noch darum, sich möglichst angenehm und mit den besten Produkten in der Gegenwart einzurichten.

»Das Yuppietum ist zur Grundhaltung geworden. Die Mottos lauten: Es war schon immer etwas teurer, einen besonderen Geschmack zu haben. Beziehungsweise: Wir können es uns nicht leisten, billige Sachen zu kaufen. Das leicht egomanische Yuppietum ist zugleich verbunden mit einem wieder erwachten Interesse für die Sekundärtugenden Höflichkeit und Etikette, also für das Türaufhalten, den Stuhl-nach-hinten-Ziehen und die Manschettenknöpfe.«

Florian Illies, Generation Golf, 2000

**Nach 1989 suchten Politiker, Soziologen und Journalisten eine junge, frische, pragmatische, »unverdorbene« Generation deutscher Jugendlicher. Dadurch öffneten sie sich viel mehr den Inhalten der Jugendkultur, als dies zuvor der Fall war, und bereiteten dem Boom der Popliteratur in den neunziger Jahren den Weg.**

# Kracht, Stuckrad-Barre und das popkulturelle Quintett

**Mitte der neunziger Jahre veröffentlichten junge Musik- und Lifestyle-Journalisten eine neue Form unterhaltsamer Popliteratur. Sie verknüpften dabei altbekannte popliterarische Themen mit Motiven des Neuen Erzählens und einem neokonservativen Selbstverständnis.**

## Faserland und Soloalbum

> »Ich würde ihnen von Deutschland erzählen, von dem großen Land im Norden, von der großen Maschine, die sich selbst baut, da unten im Flachland. Und von den Menschen würde ich erzählen, von den Auserwählten, die im Inneren der Maschine leben, die gute Autos fahren müssen und gute Drogen nehmen und guten Alkohol trinken und gute Musik hören müssen, während um sie herum alle dasselbe tun, nur eben ein ganz klein bisschen schlechter. Und dass die Auserwählten nur durch den Glauben weiter leben können, sie würden es ein bisschen besser tun, ein bisschen härter, ein bisschen stilvoller.«
>
> Christian Kracht, Faserland, 1995

Biller, Wittstock, Hielscher und andere hatten in der Debatte um die deutsche Gegenwartsliteratur eine Literatur gefordert, die sich positiv der Popkultur und den neuen Medien öffnet, einen reportageähnlichen Ton hat und kurzweilig ist. Zudem fragten immer mehr Politiker, Soziologen und Zeitungen nach dem Gesicht der jungen Generation. Auf beides eine Antwort gab eine Gruppe, die mit ihren Büchern große Verkaufserfolge erzielte und deren Mitglieder sich zugleich als »popkulturelles Quintett« und Dandys inszenierte. Die Bekanntesten von ihnen sind Christian Kracht (*1966) und Benjamin von Stuckrad-Barre (*1975), zur Gruppe zählen noch Eckhart Nickel (*1966), Alexander von Schönburg (*1969) und Joachim Bessing (*1971). Die erste wichtige Marke setzte Christian Kracht mit seinem Roman *Faserland* (1995), der zugleich die Schwemme der Popliteratur in den neunziger Jahren eröffnete. Sein Protagonist ist – anders als bei den Autoren der Beat Generation oder in den früheren Poptexten – ein Yuppie, der sich um sein Geld keine Sorgen machen muss und sich eben nicht als Außenseiter oder Benachteiligter der Gesellschaft fühlen müsste. Der Wohlstandsbubi reist von Sylt bis nach Zürich von Party zu Party und findet keine Heimat in seinem *Faserland*. Zugleich kommentiert er zynisch die Menschen und Moden durch die Brille eines ehemaligen Mitarbeiters des Lifestyle-Magazins *Tempo*.

Nach Kracht machte vor allem der ehemalige Musik-journalist und Gagschreiber für die *Harald Schmidt Show*, Benjamin von Stuckrad-Barre, auf sich aufmerksam und wurde selbst in den Rang eines Popstars gehoben. Stuck-rad-Barre veröffentlichte zunächst den Roman *Soloalbum* (1998), in dem ein junger Angestellter einer Musikagen-tur mit seiner beendeten Beziehung umgehen muss und Trost vor allem in der Musik der Popband Oasis findet. Sehr stark angelehnt an *High Fidelity* von Hornby präsen-tiert Stuckrad-Barre hier die selbstgenügsame Haltung eines gewöhnlichen Mitarbeiters der neuen Medienwelt, der seinen Musikgeschmack präsentiert, sich dabei aber nie über die Oberflächenwelten von VIVA oder MTV hinauswagt: »Frauen, die Blur noch nicht mal auf Kas-sette besitzen, sind keine tollen Frauen.« Wesentliche Merkmale seines Textes sind schnelle Gags und Imita-tion der Werbesprache. Dieses Aufgehen im neolibera-len Literaturbetrieb der neunziger Jahre zeigte Stuckrad-Barre noch deutlicher in seinem zweiten Buch *Livealbum* (1999), das von seiner Lesereise als Mitarbeiter des Unterhaltungsbusiness berichtet. Zwischen Lesesälen, Groupies und Zugfahrten gönnt sich der reisende Autor neue Klamotten, neue Drogen und beschreibt das Funk-tionieren des Business: »Yea, dachte ich, alles Dienst-leistung. Ich in Unterhaltungsdingen, und hier an der Bar ist es umgekehrt, da werde ich bedient, (...) es ist für alle gesorgt.«

Kracht sammelte daraufhin im von ihm herausgegebenen Band *Mesopotamia* (1999) kur-ze Geschichten von siebzehn Autoren, darunter Stuckrad-Barre, Moritz von Uslar (*1970) und Elke Naters (*1963), die vor allem zur Schau stellten, mit welch großem Selbstbe-wusstsein die jungen Poplitera-ten – zumeist ehemalige Jour-nalisten oder Medienarbeiter –

»Kracht und Stuckrad-Barre bekannten sich in einer Anzeigenkam-pagne für Peek & Cloppenburg auch als konsequente Anzug-träger. (...) Dankbar war man auch, als Kracht und Stuckrad-Barre als erste Generations-genossen zugaben, eine Putzfrau zu haben. Da ging ein Ruck durchs junge Deutschland. (...) Putzfrauen sind unsere Punica-Oasen in der Servicewüste Deutsch-land.«

Florian Illies,
Generation Golf, 2000

Benjamin von Stuckrad-Barre (li.) und Christian Kracht werben für ein Modehaus. Aus: Rhei-nischer Merkur, 11/2000

## Lies keinen über dreißig!

*Fräuleinwunder und Knabenruhm: Der Dichternachwuchs hat Auflagenzahlen erreicht, von denen gestandene Autoren nur träumen.*

■ CHRISTOPH SCHMITZ

ERFOLGSDUO: Benjamin von Stuckrad-Barre (l.) und Christian Kracht werben für Mode.  Foto: Peek & Cloppenburg

losdichteten, ohne Wichtiges auf neuem Wege zu sagen zu haben. Neu war allein die Parole vom Tod der Ironie: Auf der Rückseite des Buches fand sich das Zitat »Irony is over. Bye Bye« des Musikers Jarvis Cocker. Das konnte ernst oder selbst wieder ironisch gemeint sein – die jungen Popliteraten machten sich unangreifbar und verloren dadurch jeden eigenen Anspruch.

Mit den Büchern von Kracht und Stuckrad-Barre, die bei Kiepenheuer & Witsch unter den Lektoren Martin Hielscher und Kerstin Gleba erschienen, wandelte sich der Begriff von Popliteratur in Deutschland schlagartig. Hatte Popliteratur bislang einen subversiven oder experimentellen Charakter, so zeigten Kracht und Stuckrad-Barre, wie man die Fernseh- und Lifestyle-Sprache reproduziert und damit einfach Bücher schreibt, die sich gut verkaufen. Für den literarischen Underground bedeutete diese Entwicklung, sich zukünftig vom Begriff der Popliteratur abgrenzen zu müssen.

### Das popkulturelle Quintett

Auf die Spitze trieben es die neuen Popliteraten in dem von Joachim Bessing herausgegebenen Band *Tristesse royale. Das popkulturelle Quintett* (1999). Bessing transkribierte Gespräche, die er mit Kracht, Nickel, Stuckrad-Barre und Schönburg drei Tage lang im Hotel Adlon

Das popkulturelle Quintett aus »Tristesse royale« mit (v. li.) Christian Kracht, Eckhart Nickel, Benjamin von Stuckrad-Barre, Alexander von Schönburg und (sitzend) Joachim Bessing, 1999

in Berlin-Mitte über Deutschland, Moden, Politik und Trends geführt hatte. Im Buch bemühen sich die pop-kulturellen Dandys um eine Zusammenführung junger, snobistischer Popkultur mit neokonservativen deutschen Werten.

Besaß die Popliteratur in der Vergangenheit eine geringe gesellschaftliche Akzeptanz, weil sie sozialkritisch war, die Grenze zwischen Hoch- und Alltagskultur beseitigte, sprachkritische oder -experimentelle Konzepte entwickelte oder Tabuthemen aufgriff, so war all dies vom popkulturellen Quintett nicht beabsichtigt. Vielmehr zeigten die selbst ernannten Dandys, dass Popliteratur inzwischen völlig beliebig und mit allen Zeitgeisterscheinungen kompatibel und (gerade dadurch) eine ökonomisch erfolgreiche Sache sein kann. Letztlich sorgten sie für die Ankunft der Popliteratur in der Mitte der Gesellschaft, was zu Zeiten von Ginsberg und Burroughs, Brinkmann und Fichte undenkbar gewesen war. Diese neue Popliteratur ist nicht mehr wütender Protest gegen die Verhältnisse, sondern angenehmer Begleitsound zur Berliner Republik.

»In Deutschland waren unterhaltsame Pop-romane mit Slacker-helden Mitte zwanzig bislang eher Mangelware gewesen. Schön, dass es sie nun gibt und auch so viele Leute aus der Mittelklasse – mit Pophintergrund und unklaren Berufsaussichten –, die sich darin wieder erkennen und in letzter Zeit plötzlich angefangen haben, im propagierten Nacht-leben mit propagierten Drogen über neue Literatur zu reden. Blöd nur, dass manches so klingt wie eine Fortsetzung der offiziellen Berlin-Werbung und immer mehr Yuppie-Deppen in der Nacht am Tresen stehen.«

Detlef Kuhlbrodt in: die tageszeitung, 12.8.2000

## Comedy-Welle und Spaßgesellschaft

Auf ähnliche Weise entwickelte sich die Comedy-Welle in Deutschland, die Ironie oder Satire in bloße Unterhaltung verwandelte. Die Musiksender MTV und VIVA, Shows wie die *Harald Schmidt Show* oder *RTL-Samstag-Nacht* und Moderatoren wie Stefan Raab oder Niels Ruf sind Beispiele für die eindimensionale Spaßgesellschaft in der neoliberalen Berliner Republik, die keine kritische Gegenbewegung mehr fürchtet.

**Stuckrad-Barre, Kracht und ihre Freunde verstehen sich als Mitarbeiter der Kulturindustrie. Ihre gut verkäufliche Trendliteratur mit schnellem Verfallsdatum dient einer Yuppieschicht zur Unterhaltung.**

# Inflation und Niedergang des Popliteratur-Begriffs

**Ende der neunziger Jahre wurde der Popliteratur-Begriff von Verlagen, Kritikern und Autoren inflationär benutzt. Junge Autoren, flotte Sprache, hippe Themen verbargen sich hinter dem Begriff, der nur noch dazu diente, den Buchverkauf anzukurbeln.**

## Inflation des Popliteratur-Begriffs

»Kein Wunder, dass die Leute alle komisch sind. Ich sage dir, das liegt an den Hundehaufen. Immer Gesicht zur Erde, kein Augenkontakt. Da kannst du ja nur depressiv werden. Wenn du dann mal wagst, geradeaus, rechts oder links zu gucken, zack hast du den Salat. Voll in die Scheiße getreten. Das ist komplett eklig.«

Alexa Hennig von Lange, Relax, 1997

Die in der Branche hoch gehandelte Popliteratur brachte noch weitere junge Autorinnen und Autoren hervor. So zeigte Alexa Hennig von Lange (*1973) in ihren Drogen- und Funspektakeln *Relax* (1997) und *Ich bin's* (2000), wie sich weibliche junge Popliteratur gestaltet, in der eine junge Autorin im Szene-Slang aus dem Munde des männlichen, jugendlichen Protagonisten erzählt. Ohne kritisch mit den Geschlechterkategorien umzugehen, bleiben die unterhaltsamen Geschichten harmlos und spielen zwischen Ecstasy-Pillen, Joints, Diskobesuchen und Abhängen vor dem Fernseher. Während die männliche Hauptfigur Chris in *Relax* bis an die körperlichen Grenzen ihrer Partylust geht, sehnt sich »die Kleine« nach einem Kind und der Hochzeit in Las Vegas.

Was Biller meinte, als er davon sprach, dass Literatur so sein müsse wie ein prima Film, offenbarten Matthias Edlinger (*1972) und Jörg Steinleitner (*1971) in ihrem Roman *205 293 Zeichen* (1998), der eher ein wohl kalkuliertes Produkt für den Popmarkt denn ein interessanter literarischer Versuch ist. Erzählt wird eigentlich ein Drehbuch, das Elemente von Liebes-, Drogen- und Krimigeschichte hat, jedoch außer Unterhaltsamkeit und schneller Lesbarkeit keine Qualitäten mehr entwickeln will.

Wie inflationär der Popliteratur-Begriff ab 1997 wurde, zeigen die Versuche der Berliner Autorin Judith Hermann

(*1970), ihren Erzählungsband *Sommerhaus, später* (1998) gegen dieses Etikett zu verteidigen. Dass sie manchmal Drogen und Musiktitel erwähne, als Journalistin gearbeitet habe, bei Lesungen manchmal Musiker auftreten lasse und selbst einmal bei der Musikgruppe Poems For Laila mitgearbeitet habe, dürfe nicht die Tatsache verdrängen, dass sich ihre Texte viel eher an russischen Realisten denn an Tendenzen der Popliteratur orientierten.

### Der Shootingstar Benjamin Lebert

Die Jugendlichkeit des Autors, einfache Lesbarkeit des Textes und Themen wie Sexualität, Drogen oder Musik waren entscheidende Kriterien für den Verkaufserfolg eines Buches geworden. Der Verlag Kiepenheuer & Witsch reizte diese Popliteratur-Welle bis zum Äußersten aus und veröffentlichte Anfang 1999 das Buch *Crazy* des sechzehnjährigen Benjamin Lebert (*1982). Lebert war bis dahin nur durch kurze Texte für das Jugendmagazin *jetzt* der *Süddeutschen Zeitung* bekannt geworden und kam durch die Vermittlung von Maxim Biller zu seinem ersten Buchvertrag. In *Crazy* berichtet der halbseitig gelähmte Lebert, der auf einem Internat an Mathe scheiterte, über die Jugenderlebnisse eines halbseitig gelähmten Jungen, der auf einem Internat an Mathe scheitert. Das Alter des Autors sowie eine euphorische Rezension von Elke Heidenreich im *Spiegel* zwei Wochen vor Erscheinen des Buches entfachten einen Hype, der in einer Auflage von über 300 000 Exemplaren und der schnellen Kinoverfilmung mündete. Der nächtliche Besuch im Mädchentrakt, das erste Mal, das Ausreißen in ein Nachtlokal in München, diese Kernpunkte der Geschichte kennt

»Lass uns einfach lesen. Aus Freude am Lesen. Und aus Freude am Verstehen. Und lass uns nicht darüber nachdenken, ob es Literatur ist oder nicht. Das können andere tun. Wenn es tatsächlich Literatur ist, dann umso besser. Wenn nicht, dann ist es auch scheißegal.«
Benjamin Lebert, Crazy, 1999

Die Stimmung hat sich geändert: Deutscher Stolz auf junge Dichter. Der Spiegel, 41/1999

man aus Internatsgeschichten. Dass jedoch die Schüler
keinerlei Konflikte mit Autoritäten austragen, vielmehr
bei ihrer Sinnsuche wieder nach Gott fragen und Weis-
heiten wie »Leben heißt so viel wie *nie darüber nachdenken*«
oder »Das Leben ist das Leben« von sich geben, zeigt, was
inzwischen von junger deutscher Literatur erwartet wurde. Denn dass der Text sprachlich und thematisch unreif
war, wurde ihm gerade zugute gehalten, ästhetische und
inhaltliche Kriterien hatten sich weitestgehend aus der
Literaturkritik verabschiedet. Mit *Crazy* hatte die Erneuerung der deutschen Literatur einen verrückten Höhepunkt erreicht, der kaum mehr zu übertreffen war. Aber
spätestens seit Leberts Debüt kann in Deutschland nicht
mehr davon gesprochen werden, dass der Literaturbetrieb unter der Last einer Elfenbeinliteratur zu leiden
habe, die langweilig sei und sich nur an der deutschen
Geschichte abarbeite. Die Mainstream-Popliteratur war
an einen Punkt gelangt, wo sie nur noch satirisch zu er-
tragen war. Einige Journalisten veröffentlichten Buch-
rezensionen, in denen sie den Slang der Popliteraten imi-
tierten und überspitzten.

### Das Tutzing-Treffen

Zu Beginn des Jahres 2000 – der Boom der Popliteratur
hatte seinen Höhepunkt erreicht – lud Maxim Biller über
hundert junge deutsche Autoren in die Evangelische
Akademie Tutzing ein, um mit ihnen über ihre Literatur
zu diskutieren. Biller hatte offenbar erkannt, dass sein
Kampf gegen die alten Avantgarden zwar erfolgreich ver-
laufen war und die junge deutsche Literatur wieder gelesen wurde, qualitativ jedoch viel dünner war, als er erwartet hatte. Oder, wie Mitkämpfer Altenburg formulierte,
es »ist alles leider in eine andere Richtung gelaufen, als
wir alle hofften. Die neue Literatur ist nur wie Gervais-
Frischkäse – die leichte Alternative.« Biller lobte allein
Feridun Zaimoglu *Abschaum* und prägte für die anderen
Texte den fragwürdigen Begriff der »Schlappschwanz-
literatur«. Damit beschimpfte er die Geister, die er selbst
gerufen hatte, die junge Popliteratur, ihre »lauwarmen

Geschichten« und ihre Kampflosigkeit gegen die Verhältnisse. Joachim Bessing, als deren Vertreter angereist, weigerte sich daraufhin, seine Thesen *Über die Verquickung von Popkultur und Literatur* vorzutragen, hatte auch sonst nichts zu sagen und angeblich mit Pop ohnehin nichts zu tun. Auch Altenburg wandte sich in einem *Zeit*-Artikel von Biller und seiner »Deppen-Ästhetik« ab. So zankten sich letztlich alle über die Frage, warum die neue Literatur so schlecht ist, sich aber zugleich so gut verkauft. Das Treffen zeigte, dass die große Gefahr der Literaturdebatte, die Ersetzung literarisch-ästhetischer Kategorien durch das Argument der Verkaufszahlen, inzwischen weitestgehend real geworden war.

»Der Popliterat (...) unterhält ein entschieden relaxtes Verhältnis zu Thema und Stil, Planung und Realisierung seines zuverlässig ›Roman‹ apostrophierten Textes. Der Popliterat haut ihn so raus und hin, den Roman; obschon er keiner ist, selten eine Novelle, meist ein autobiografisch gefärbtes Konvolut unsortierter Einfälle und kulturbetrieblicher Impressionen. Solche Defizite und altmodischen Scherereien scheren den Popliteraten einen feuchten Kericht, denn der Verlag des Popliteraten weiß, dass Romane ›gehen‹, nennt man sie bloß Romane. Eine – und allerdings vornehme – Bedingung, als Popliterat und Romancier zu reüssieren und erhebliche Teile des mickrigen Honorarkuchens abzusahnen, ist ein Höchstalter um 16 oder 25 Jahre.«

Jürgen Roth in: die tageszeitung, 19.10.2000

**Die Mainstream-Popliteratur nahm aberwitzige Dimensionen an, so dass selbst einige Kritiker, die ihr erst die Pforten geöffnet hatten, vor ihr davonliefen. Der Gipfelpunkt des Booms scheint überschritten, nun wird sich zeigen, welche Formen der Popliteratur langfristig überleben werden.**

# Social Beat und Slam Poetry

**Neben der Mainstream- und der Suhrkamp-Popliteratur gibt es noch immer einen Underground, der allerdings unter dem Namen »Social Beat« firmiert. Dessen Autoren treffen sich auch bei Poetry-Slam-Veranstaltungen und tragen ihre Texte im Wettstreit vor.**

## Social Beat

»Der Begriff, unter dem sich die Mehrheit der im Untergrund schreibenden Autoren zusammenfindet, wurde bereits vor einigen Jahren kreiert: *Social Beat*. (...) Auf den Inhalt dieser Etikettierung konnte man sich bislang aber noch nicht einigen. Der erste Teil beschreibt wohl den Antrieb zur Formulierung eines gemeinsamen Schlagwortes, eben den Wunsch nach Verbindung oder Vernetzung (socius: *lat.* Kamerad, Bundesgenosse). Doch ausgerechnet der zweite Teil des Kunstwortes, der beschreiben müsste, welche gemeinsamen Absichten nun eigentlich verbunden werden sollen, erklärt nicht, sondern verklärt nur.«

Marc Degens in: testcard Nr. 7. Pop und Literatur, 1999

Während die Popliteratur ihren Platz nun im Feuilleton gefunden hat, gibt es noch immer einen literarischen Untergrund. Unter dem Label »Social Beat«, das 1993 anlässlich eines Berliner Literaturfestivals kreiert wurde, haben sich verschiedenste Autoren zusammengefunden, denen gemeinsam ist, dass sie nicht in den großen Verlagen mitspielen wollen oder können. Bevorzugt berichten sie aus den realen Niederungen des Alltags. Ihr Leben soll eine Session sein, ihre Literatur auf der Bühne stattfinden, und zwar nicht in staatlich finanzierten Literaturhäusern, sondern am liebsten in den Kellern (ehemals) besetzter Häuser. Vorbilder der Szene sind Siebziger- und Achtziger-Jahre-Aktivisten wie Kiev Stingl oder Jürgen Ploog, der ehemalige Kommunarde und dann zum Islam konvertierte Hadayatullah Hübsch oder Peter »Schappi« Wawerzinek. In ihren Texten greifen die Social-Beat-Autoren ins volle Leben, verwenden nicht – wie die Hotel-Adlon-Fraktion – bloß Phrasen aus den virtuellen Wirklichkeiten von MTV oder VIVA. Sie wissen um ihren – manchmal recht großen – Dilettantismus und zerschlagen sofort jede weihevolle Aura, die nur im entferntesten an Formen der Hochkultur erinnern könnte.

## Poetry Slams und Szenen

Seit 1993 fanden zahlreiche Social-Beat-Festivals statt, auf denen sich die verschiedenen Szenen vereinten. Social-Beat-Foren sind Zeitungen wie das *Luke & Trooke-*

*Fanzine* (Münster/Berlin, mit Mark-Stefan Tietze, Holm Friebe u. a.), *Der Sprung* (Essen, Marc Degens) oder *Klausner* (Hamburg, Kai Damkowski) sowie Romane und Erzählungen, die z. B. in der »Popliteratur«-Reihe des Mainzer Ventil Verlags veröffentlicht werden, wie die Texte von Jan Off (*1967); neben ihm sind noch der Münchener Jaromir Konecny (*1956) und der Düsseldorfer Philip Schiemann (*1969) Szene-Größen. Außerdem hat sich in den Neunzigern in Deutschland die Idee der Poetry Slams durchgesetzt: Autoren treten »im Ring« gegeneinander an, eine – zumeist spontan gewählte – Jury oder das Publikum geben Punkte und küren schließlich einen Sieger. Solche Wettbewerbe finden in fast jeder größeren deutschen Stadt statt, u. a. in München (im Substanz, organisiert von Rayl Patzak), Hannover (Faust, Henry Chadde) oder Düsseldorf (zakk, Maulgetrommel). Die ersten Poetry Slams wurden 1986 in Chicago durchgeführt, seit Anfang der neunziger Jahre gibt es auch Deutsche Literaturmeisterschaften, bei denen die Sieger der regionalen Slams gegeneinander antreten. Oftmals leben die Slams allerdings nur von der Performance und der Stimmung des Publikums, die Textqualität bleibt meist ein sekundäres Entscheidungsmerkmal.

Neben den Poetry-Slam-Veranstaltungen gibt es noch Autorengruppen in vielen deutschen Städten, die bei Projekten oder Performances zusammenarbeiten, z. B. in Hamburg rund um den Golden-Pudel-Club mit Schorsch

»Mit den Slams hat die Literatur endlich zurück in die Clubs und Bars, zurück ins Nachtleben gefunden. (...) Spontaneität, Alltagsnähe, Gegenwartsbezug, Sprachwitz, Lustprinzip und Unmittelbarkeit spielen darin eine weit größere Rolle als die abstrakte, auf ein Expertenpublikum zielende Kunstanstrengung. (...) Literatur und Pop hatten es im deutschsprachigen Raum die meiste Zeit schwer miteinander. Das scheint sich im Moment zu ändern – was uns freut!«

Andreas Neumeister/ Marcel Hartges, Poetry! Slam! Texte der Pop-Fraktion, 1996

Kamerun (*1968) und Rocko Schamoni (*1966) oder im Ruhrgebiet Frank Goosen und Jochen Malmsheimer, die als Duo Tresenlesen skurrile Alltagsgeschichten in die Kneipen brachten. Die lebendigste Szene entwickelte sich in Berlin, vor allem aus ehemaligen Hausbesetzern und Freaks aus dem Westen sowie Subkultur-Aktiven im Osten. Die zumeist nicht mehr ganz jungen Autoren treffen sich abends in Ostberliner Kneipen wie dem Berg-werk, Zosch, Schokoladen, der Knorre oder sonntags morgens bei Dr. Seltsams Frühschoppen. Die Gruppen nennen sich selbstironisch Reformbühne Heim & Welt, Liga für Kampf & Freizeit oder Chaussee der Enthusias-ten. Autoren wie Horst Evers (*1967), Hans Duschke (*1963) oder Ahne Seidel (*1968) sind mit ihren amüsan-ten und selbstironischen Alltagsminiaturen Stars ihres Publikums in meist überfüllten Läden geworden, ohne je in einem größeren Verlag Texte veröffentlicht zu haben oder danach zu streben. Ihre Medien sind Liveperfor-mances, Stadtzeitungen oder selbst verlegte Hefte wie *Der Salbader*.

## Literaturbetrieb und Untergrund

Die Grenze zwischen Subkultur und Mainstream ist jedoch durchlässiger geworden. So verhilft der Open-Mike-Wettbewerb der Literaturwerkstatt Berlin man-

Programmheft zum 3. Social-Beat-Festival 1998 in Ostberlin unter dem Motto »Affen-terror!«

chem zuvor unbekannten Performer zu einem Buch bei einem größeren Verlag. Es ist auch kein Zufall, dass zwei Social-Beat- bzw. Poetry-Slam-Anthologien bei renommierten Verlagen erschienen: *Poetry! Slam! Texte der Pop-Fraktion* (1996) bei Rowohlt und *Trash-Piloten. Texte für die 90er* (1997) bei Reclam. In diesen Sammelbänden machten einige Underground-Autoren auf sich aufmerksam, die später auch außerhalb des Szene-Publikums bekannt wurden, wie z.B. Tanja Dückers (*1968) mit *Spielzone* (1999), Claudius Hagemeister mit *Tanne & Quadrat* (1999) oder Kathrin Röggla (*1971). Andere profilierten sich auch über die Musikszene wie Bastian Böttcher (*1974) oder Alec Empire (*1972), stellten Verknüpfungen zwischen DJ- bzw. HipHop-Szene und Literatur her oder begründeten eine neue Liedermacher-Tradition wie Funny van Dannen (*1958). Wieder andere wie Enno Stahl (*1962), Michael Schönauer (*1961) oder Jürgen Ploog (*1935) blieben dem Untergrund treu.

Doch obwohl es sehr schwer geworden ist, noch einen unabhängigen Raum zu bewahren, der sich nicht völlig an die neue, gut gelaunte Popliteratur aufgibt, so bringt doch die literarische Subkultur immer wieder interessante Kunst und Reflexionen hervor. Richard Obermayr (*1970) druckt ein Foto von sich und zwei Freunden in einem Burger-King-Laden, die drei tragen Burger-King-Pappkronen und haben gerade ein Menü verzehrt. Das Foto ist versehen mit einem Kafka-Zitat: »Wir waren Könige, und da wir Kronen trugen, wurden wir auch als solche erkannt.«

»Die Autoren, die man unter dem Begriff Trash subsumieren kann, stammen aus den unterschiedlichsten Ecken und weisen verschiedenste Ansätze auf. Wahllos aufgezählt und ohne den Anspruch auf Vollständigkeit könnte man da Fanzine-Autoren, Musiker, Journalisten, bildende Künstler, Selbstverleger, Slam-Autoren, Filmemacher, Social-Beat-Aktivisten, Pop-sozialisierte und/oder Feuilleton-genervte Schriftsteller nennen. (...) Trash-Autoren ignorieren den Buchmarktautomatismus, der auf eine uniforme Autorenriege, letztlich auf den Autoren als Warenlieferanten abzielt.«

Heiner Link, 1996

**Auch die Underground-Popliteratur hat den Zorn durch den Spaß ersetzt. Nur selten finden sich hier noch Debatten oder Autoren, die die rebellischen und kritischen Wurzeln der Popliteratur bewahren und weiterentwickeln. Oft, wie z. B. bei den Poetry Slams, dient diese Literatur nur noch der Belustigung.**

# Kanak Sprak und Morgenland

**Eine der Mainstream-Popliteratur entgegengesetzte Richtung ist die Literatur von Migranten der zweiten und dritten Generation. Diese Autoren nutzen die Umgangssprache, Dialekte und eine musikalische Sprechweise, um sich gegen die Dominanz des Einheitsdeutsch zu behaupten.**

## Kanak Sprak

»Kanak Attak steht für die kämpferische Einstellung von Leuten, die sich mit Mumm und Herzblut für die Sache der größten deutschen Minderheit auf deutschem Boden einsetzen: die der türkisch- und kurdischstämmigen zweiten und dritten Generation. Die einen benutzen Kanak Attak wie ein Markenlabel, die anderen verbinden damit eine Kulturrebellion. Ich persönlich setze auf Ästhetik und Botschaft. Schauen Sie sich Großstädte wie L.A. oder London an: Die wahren Trends und Klänge kommen von der Straße.«

Feridun Zaimoglu, 2000

Deutschland warb ab den sechziger Jahren Millionen so genannter Gastarbeiter an. Viele von ihnen blieben und bauten sich hier ein eigenes Leben auf, inzwischen in der zweiten oder dritten Generation. Literatur von Ausländern in Deutschland trug lange Zeit das Etikett der Betroffenheitsliteratur, dies hat sich aber nun geändert. Den hierzulande aufgewachsenen Kindern von Immigranten geht es – gerade weil der deutsche Rassismus nach der Vereinigung erstarkte – nicht mehr um stille Integration und bloße Anpassung. Sie sind in mehreren Kulturen, Ländern und Sprachen aufgewachsen und haben Zugang zu einem größeren Fundus als die gewöhnliche deutsche Literatur. Den Anfang der neuen Migrantenliteratur machte Feridun Zaimoglu, der mit seinem ersten Buchtitel dem Programm gleich einen Namen gab: *Kanak Sprak. 24 Misstöne vom Rande der Gesellschaft* (1995). Darin, wie auch in *Abschaum* (1997) und *Koppstoff* (1998), entwickelt er aus dem Slang der deutschen Jugendszenen türkischer und kurdischer Herkunft eine neue, kraftvolle Sprache, mit deren Hilfe sich seine Protagonisten ihren Platz in der deutschen Gesellschaft selbst suchen. So stellt der Rapper Abdurrahman fest: »Bruder, den pop hab ich gefressen, so wahr wie mir nach kümmel is. (...) Und der popper, der popdepp eben, der is ja man so jämmerlich blöde, dass die kessel pfeifen, er sieht mtv (...).« Zaimoglu protokolliert die Erzählungen und Lebensrealitäten seiner Figuren, zeichnet sie dabei als einen lebendigen Kontrast zu den wohlstandsgelangweilten deutschen Autoren. In einem Interview stellt er fest: »Derjenige, der sagt: Kreuzberg ist nicht mehr Deutschland, der ist das Problem, der soll sich bitteschön integrieren in unser heutiges Deutschland.«

Feridun Zaimoglu

## Morgenland

Neben Zaimoglu gibt es aber auch noch andere Autoren, die sich von der Leitkultur der neuen Popliteraten abgrenzen: Selim Özdogan (*1971) mit *Es ist so einsam im Sattel, seit das Pferd tot ist* (1995), Silvia Szymanski (*1959) mit *Chemische Reinigung* (1998) oder Sarah Khan (*1971) mit *Gogo Girl* (1999). Anlass genug für Jamal Tuschick (*1961), im Band *Morgenland. Neueste deutsche Literatur* (2000) Texte der Genannten sowie von Franz Dobler (*1959), Raul Zelik (*1968), Terézia Mora (*1971) und anderen zu versammeln. Tuschick versteht diese Anthologie nicht als soziologisches Dokument unterdrückter gesellschaftlicher Gruppen, sondern als eine eigenständige Form von Literatur. Jüngstes Beispiel für die Tendenz, sich selbst bewusst zwischen verschiedenen sozialen Realitäten zu bewegen, ist der Band *Russendisko* (2000) des passlosen Deutsch-Russen Wladimir Kaminer (*1967).

»Ihre persönlichen Verhältnisse antizipieren gesellschaftliche Verhältnisse. Mit ihrer Existenz verknüpfte sich eine politische Dimension. Diese Avantgarde hatte sich der Mehrheitsgesellschaft zugewandt. Dort suchte sie ihre Chancen, dort bestand sie auf Veränderungen. (...) Diese Anthologie dient dem Zweck, meine These zu unterstützen, dass die deutsche Literatur an den ethnischen Rändern der Gesellschaft intensiv befruchtet wird. Hier ist nun alles Überschuss und Chance, was einmal Zweifel und Verlust war.«

Jamal Tuschick in: Morgenland, 2000

**Die Autoren der Kanak-Sprak-Literatur wehren sich gegen ihre marginalisierte Position in der Gesellschaft, indem sie selbstbewusst und schwungvoll das Wort ergreifen – und sich damit in einen Kontrast zur gelangweilten Wohlstands- und Party-Literatur der Hotel-Adlon-Fraktion setzen.**

# Popliteratur und neue Medien

**Der Einfluss von Film, Fernsehen und Internet auf die Literatur wird immer größer. Allerdings verschwindet das Medium Buch nicht, es passt sich nur an diese neuen Medien und die durch sie veränderten Wahrnehmungsweisen der Leser an.**

## Popliteratur, Film und Fernsehen

»Genau betrachtet hielt die Monopolstellung des Buchs als Massenmedium mal gerade 100 Jahre. Schon zu Beginn dieses Jahrhunderts startete die Konkurrenz der elektronischen Medien: des Telefons, des Radios und später des Fernsehens. Immer schneller konnten Informationen verbreitet werden. (...) 24 Jahre dauerte es, bis das Fernsehen weltweit 50 Millionen Zuschauer gewann. Das Internet benötigte hierfür gerade 5 Jahre.«

Alexander Jung in: Spiegel Spezial: Die Zukunft des Lesens, 10/1999

Im Jahr 1962 sprach McLuhan bereits vom Ende der Gutenberg-Galaxis, also der Ablösung der Buchwelt durch neue Medien, wobei er vor allem die staatlichen Fernseh- und Radiosender meinte. Inzwischen jedoch sind noch andere Medien hinzugekommen, wie Computer und Video(spiele). 1985 wurde das Privatfernsehen in Deutschland eingeführt, und seit 1991 hat das Internet eine immer größere Bedeutung gewonnen. Diese Entwicklung wirkt sich zwangsläufig auch auf den täglichen Buchkonsum von Jugendlichen aus: Er ging von 56 Minuten (1980) auf 24 Minuten (1995) zurück – das heißt allerdings nicht, dass weniger gelesen wird, sondern nur anders.

So besteht das Internet im Wesentlichen aus Textdokumenten und Bildern, Soap-Operas im Fernsehen und MTV-Videoclips erzählen visuell Geschichten, die Jugendliche früher in Groschenheften gelesen hätten. Der Buchmarkt wächst nach wie vor, allerdings haben die neuen Medien einen großen Einfluss auf Form und Inhalte der Literatur: Die Sprache wird flacher, die Texte werden immer kürzer oder schneller geschnitten, so dass sie sich immer mehr den Drehbüchern für Unterhaltungs- oder Milieufilme annähern. Während in der Vergangenheit zumeist etliche Jahre zwischen der Veröffentlichung eines Buches und seiner Verfilmung lagen, so rückt diese Zeit wie bei Hornbys *Fever Pitch*, Welshs *Trainspotting*, Manas' *Kronen-Bar* oder Leberts *Crazy* immer enger zusammen.

## Popliteratur und Internet

Die Halbwertzeit des Wissens wird immer kleiner, das Internet als flexibles Medium ist die kommunikative Entsprechung des globalisierten Kapitalismus. Im Internet stecken auch für den Literaturbetrieb Chancen wie Gefahren: Zwar vereinfacht der Internet-Buchhandel die Bestellung von Büchern, er sorgt damit aber auch für ein Absterben kleiner und ambitionierter Buchläden. Da die Internet-Versandläden ihre Empfehlungen oder Verweise meist an den Verkaufszahlen ausrichten, verstärkt sich der Trend, diese zum entscheidenden Kriterium für die Qualität der Literatur zu machen. Daneben ermöglicht das Internet aber unbekannten Autoren, ihre Texte ins Netz zu stellen und online zu verkaufen, was zwar eine größere Offenheit bedeutet, jedoch qualitativ wenig Gewinn bringt, da die Vermittlungsstelle des Verlagslektorats übersprungen wird.

Es ist noch nicht absehbar, inwiefern sich eine spezielle Internet-Literatur entwickeln wird. Zu erwarten ist jedoch, dass diese Literatur eine Abkehr von der üblichen linearen Erzählweise vollziehen wird: Der Text ist kein Weg mehr, sondern eine Landschaft. In einem Netzwerk von Textfragmenten wird der Leser hin- und herreisen, er wird vom Konsumenten zum interaktiven Nutzer. Die Idee des produktiven und authentischen Autors

»Massiv geprägt freilich ist die Literaturlandschaft der letzten Jahre von stärker werdendem wirtschaftlichem Druck, und dies wird sich in Zukunft auf die Bücher auswirken.«

Wolfgang Hörne in: die tageszeitung, 5.6.2000

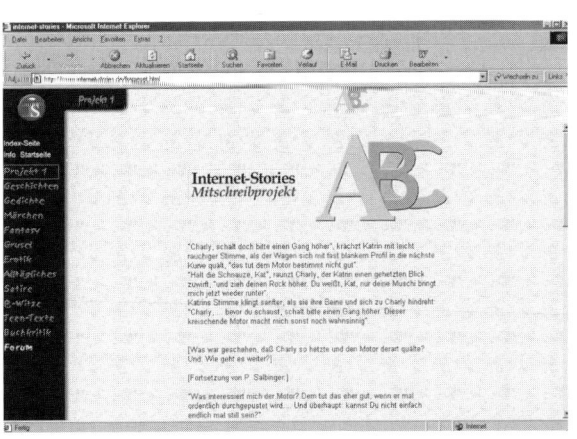

Literatur zum Mitschreiben:
www.internet-stories.de

Web-Auftritt des Autors Mirko Bonné unter www.digilab.de

wird konterkariert, indem durch Interaktion, Verweise, Hyperlinks die Texte nicht mehr einem authentischen Verfasser zugeordnet werden können – was an die These vom Tod bzw. Verschwinden des Autors erinnert, die sich bei Barthes und Foucault findet.

Ein Problem liegt jedoch darin, dass Literatur zur benutzer-freundlichen Oberfläche verkommt, nur noch ein Spiel ist, jede Sperrigkeit und Autonomie verliert, aufgesogen wird von der Kulturindustrie. Dies zeigen exemplarisch einige Internet-Literatur-Projekte, wobei interessant ist, dass im Regelfall die entstandenen Texte doch wieder im Buchformat veröffentlicht wurden. Rainald Goetz schrieb ein tägliches Internet-Tagebuch, dessen Titel *Abfall für alle* zugleich die Aspekte der Demokratisierung des Wissens wie des Qualitätsverlusts der Literatur thematisiert. Matthias Politycki (*1955) schrieb die Fortsetzung seines *Weiberromans* (1997) als Novel-in-progress im Internet (novel.zdf.de) und diskutierte während seines Schreibprozesses mit den Lesern über mögliche Fortsetzungen der Story, insofern ist der Roman bereits ein Gemeinschaftsprodukt. Die Romanfiguren wurden durch Schauspieler visualisiert, so dass hier bereits beim Schreiben eine Art Film gedreht wurde. Außerdem gibt es noch Diskussionsforen wie pool, null oder *Forum der 13* (forum-der-13.de). Auf der Seite ampool.de treffen sich junge Popliteraten und Journalisten wie Kracht, Nickel, Naters, Uslar oder Tom Kummer, um über Probleme des Alltags und der Gegenwart zu debattieren. Auf dumontverlag.de/null/karte.htm – inzwischen auch als Buch erschienen – trafen sich Autoren wie Helmut Krausser, Burkhard Spinnen oder Thomas Meinecke. Meinecke verabschiedete sich von diesem Projekt, da er die besondere Qualität des Mediums nicht sah und ihm die Diskussionsinhalte,

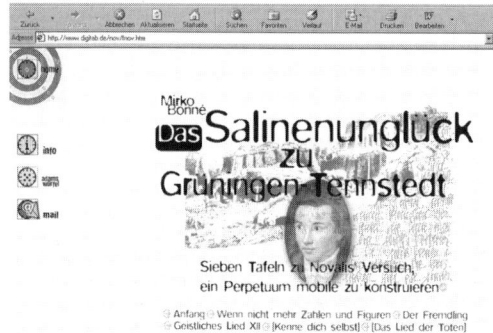

gerade angesichts des Kosovo-Kriegs, zu konservativ waren.

Ein eigenständiger Internetroman wurde noch nicht hervorgebracht, bislang nutzten Autoren das Medium hauptsächlich, um mit Kollegen oder den Lesern direkter und schneller kommunizieren zu können – die Texte selbst sind umgangssprachlicher und persönlicher, haben aber die Möglichkeiten des Internets erst ansatzweise ausprobiert.

»Bevor auf mich geschossen wurde, hatte ich immer den Verdacht, dass ich fernsehe und nicht lebe. Genau als auf mich geschossen wurde, wusste ich, es ist Fernsehen.«
Andy Warhol, 1968
(über das Attentat auf ihn)

## E-Books

Die Hinwendung der Literatur zum Internet wird sich noch steigern, jedoch an der Existenz des Buches nichts ändern. Es werden sich Zwischenstufen entwickeln, wie z. B. E-Books, handliche, tragbare und schnurlose Bildschirme, auf die man sich Texte laden kann. Die Benutzung von Bibliotheken oder Enzyklopädien wird mit Hilfe dieser E-Books oder CD-ROMs wesentlich einfacher werden. Inwiefern aber mit diesen neuen Möglichkeiten, mit Wissen umzugehen, auch eine neue virtuelle Literatur entsteht, die schnell, direkt und intervenierend das Internet als Grundlage nutzt, wird die Zukunft zeigen.

Heute ist jedoch bereits deutlich, dass sich die Literatur in der Zukunft zunehmend auf Techniken einlassen wird, die die Popliteratur entwickelt hat, da die Wahrnehmung der Leser heute vor allem durch die Bilderwelten des Fernsehens sowie durch die Netzwelten des Internets geschult wird und die Leser deshalb ein ganz anderes Leseverhalten zeigen.

**Der Einfluss der neuen Medien auf die Literatur führt meist dazu, dass die Literatur ihre Eigenständigkeit verliert und zur benutzerfreundlichen Oberfläche verkommt. Einzelne Formen der Popliteratur haben jedoch auch Wege aufgezeigt, wie Literatur und Massenmedien ein produktives und zugleich widerständiges Verhältnis eingehen können.**

# Ausblick

**Der Begriff der Popliteratur hat in den vergangenen Jahren entscheidende Veränderungen erfahren. Besitzt er noch eine Zukunft? Oder müssen sich Autoren von ihm abgrenzen, gerade wenn sie sich als Kritiker der Gegenwart verstehen?**

»Pop: Am Anfang war es Provokation, längst aber stehen diese drei Buchstaben für einen Markenartikel, der nicht mehr verheißt als das, was außen draufsteht. (...) Pop steht heute nicht mehr für das, was *Elvis*, die *Beatles*, *Jimi Hendrix* und die *Sex Pistols* zu ihrer Zeit einmal ausgelöst haben. Der Begriff beinhaltet nicht mehr Provokation, schon gar nicht Rebellion, er ist zur inhaltsleeren Botschaft für Party und Profit geworden. (...) Seit Pop nicht mehr mit dem Aufbruch einer Generation gegen die Lahmheit und Konventionen der eigenen Eltern in Verbindung gesetzt wird, hat er sich als Museumsstück etabliert.«

Martin Büsser, 2000

## Verdienste der Popliteratur

Popliteratur als der literarische Versuch, sich auch inhaltlich, sprachlich und formal der populären Kultur zu öffnen, hat sich im Laufe der Zeit verändert. Sie war ursprünglich der Reflex des 20. Jahrhunderts auf die weihevolle, bürgerliche Idee einer Hochkultur des Guten und Schönen, die angesichts massiver medialer Veränderungen und historischer Katastrophen hinterfragt werden musste. Sie ging produktiv mit Methoden und Inhalten der Popkultur um und entwickelte durch Sprachexperimente neue Möglichkeiten des Schreibens. Die Popliteratur nahm Phänomene des Alltagslebens in den Blickwinkel und setzte sich oft ironisch oder kritisch gegen sie ab. Sie machte tabuisierte Themen erst zu Gegenständen der Literatur und gab gesellschaftlichen Außenseitern die Chance, sich öffentlich zu äußern.

## Probleme der Popliteratur

Oft leitete sich ihre Qualität jedoch nur ab aus dem gesellschaftlichen Standort des Autors, einem provokanten Thema oder der Tatsache, dass sie im Rahmen eines Happenings auf einer Bühne vorgetragen wurde. Popliteratur machte Texte zu einem Ereignis, ihr Vortragscharakter wurde wichtiger als ihr literarischer Gehalt, ihre jugendliche Aufmüpfigkeit verdeckte textliche Schwächen. Zuletzt wurde der Begriff Popliteratur von Verlagen und Literaturkritik nur noch benutzt, um einer unterhaltsamen, flotten Literatur, deren Rebellion eine hohle Geste ist, ein Etikett aufzukleben.

## Zukunft der Popliteratur

Das Verhältnis der Literatur zu Medien und Alltag wird in den kommenden Jahren ein noch wichtigeres Thema werden, da Fernsehen und Internet noch größeren Einfluss auf die Wahrnehmung der Menschen nehmen werden. Von den großen Verlagen ist aber keine Erneuerung der Popliteratur zu erwarten, da sie sich immer stärker an den Umsatzzahlen orientieren. Der Literaturmarkt verschließt sich mehr und mehr gegenüber experimentellen Autoren, die nicht auf bloßen Erfolg aus sind, mutigen kleinen Verlagen und interessierten Lesern, die sich nicht mit Unterhaltungsliteratur für ein wohlgenährtes Publikum zufrieden geben.

Daher ist es wichtig, zukünftig jede selbst oder fremd ernannte Popliteratur daraufhin zu untersuchen, auf welchem literarischen Wege sie versucht, mit dem »Non-Stop-Horror-Film« (Brinkmann) des täglichen Lebens, der immer schneller läuft, umzugehen. Ansätze dazu wären in einer Literatur zu finden, die unmittelbar aus dem beschädigten Leben berichtet, wie die Social-Beat- oder Kanak-Sprak-Literatur – oder in einer Stärkung jener Literatur, die ihre Kritik an den Verhältnissen mit experimentell-spielerischen oder satirisch-entlarvenden Texten ausdrückt. Die Frage ist, ob die Literatur ihre Autonomie auf neuem Wege wiederzugewinnen versucht oder ob sie sich als Anhängsel einer totalen Unterhaltungsindustrie selbst auflösen wird, unter einer benutzerfreundlichen Oberfläche im Internet versinkt. Es wäre schade, wenn irgendwann die Computerviren von Hackern die letzte Form wirkungsvoller (Pop-)Literatur wären.

»Spätestens Ende der sechziger Jahre aber (als er vom kulturellen Mainstream kooptiert wurde) verabschiedete sich Pop als Modell dynamischer, soziokultureller Transformation und ist heute ›die mentale Form der Bürgerlichkeit‹ (Thomas Oberender) geworden. Die subversive Scheinaffirmation ist der reinen Affirmation gewichen. (...) Konsequent zu Ende gedacht aber heißt dies, dass der subkulturelle Aufbruch, der sich mit dem symbolischen Datum ›1968‹ verbindet, die kritisierte kapitalistische Gesellschaft der Väter nicht schwächte (geschweige denn zum Einsturz brachte), sondern im Gegenteil wider Willen modernisieren half.«
Ralf Bentz, 1999

**Der Begriff der Popliteratur steht heute für eine beliebige Unterhaltungsliteratur. Dennoch bleibt es wichtig, dass Literatur ein produktives und kritisches Verhältnis gegenüber Formen, Techniken und Inhalten der populären Kultur bewahrt.**

# Literatur

## Auswahl aus Theorie und Ästhetik

autonome a.f.r.i.k.a. gruppe/Blissett, Luther/Brünzels, Sonja: *Handbuch der Kommunikationsguerilla*. Berlin: Libertäre Assoziation/Schwarze Risse/Rote Straße 1998.

Barthes, Roland: *Die Lust am Text*. Frankfurt/M.: Suhrkamp 1996 (1974).

Büsser, Martin et al. (Hg.): *testcard Nr. 7. Beiträge zur Popgeschichte. Pop & Literatur*. Mainz: Ventil Verlag 1999.

Butler, Judith: *Das Unbehagen der Geschlechter. Gender Trouble*. Frankfurt/M.: Suhrkamp 1991.

Diederichsen, Diedrich: *Sexbeat. 1972 bis heute*. Köln: Kiepenheuer & Witsch 1985.

Hartges, Marcel/Lüdke, Martin/Schmidt, Delf (Hg.): *Literaturmagazin No 37: Pop Technik Poesie. Die nächste Generation*. Reinbek: Rowohlt 1996.

Holert, Tom/Terkessidis, Mark (Hg.): *Mainstream der Minderheiten. Pop in der Kontrollgesellschaft*. Berlin/Amsterdam: Edition ID-Archiv 1996.

Illies, Florian: *Generation Golf. Eine Inspektion*. Berlin: Argon 2000.

Jannidis, Fotos/Lauer, Gerhard et al. (Hg.): *Texte zur Theorie der Autorschaft*. Stuttgart: Reclam 2000.

Köhler, Andrea/Moritz, Rainer (Hg.): *Maulhelden und Königskinder. Zur Debatte über die deutschsprachige Gegenwartsliteratur*. Leipzig: Reclam 1998.

Leggewie, Claus: *Die 89er. Porträt einer Generation*. Hamburg: Hoffmann und Campe 1995.

Lyotard, Jean-François: *Das postmoderne Wissen*. Ein Bericht. Wien: Edition Passagen 1994 (1979).

Schäfer, Jörgen: *Pop-Literatur. Rolf Dieter Brinkmann und das Verhältnis zur Populärkultur in der Literatur der sechziger Jahre*. Stuttgart: Metzler 1998.

Wittstock, Uwe (Hg.): *Roman oder Leben. Postmoderne in der deutschen Literatur*. Leipzig: Reclam 1994.

## Auswahl literarischer Texte

Born, Nicolas: *Die erdabgewandte Seite der Geschichte*. Roman. Reinbek: Rowohlt 1979 (1976).

Brinkmann, Rolf Dieter: *Keiner weiß mehr*. Roman. Reinbek: Rowohlt 1970 (1968).

Brinkmann, Rolf Dieter: *Rom, Blicke*. Reinbek: Rowohlt 1997 (1979).

Brinkmann, Rolf Dieter/Rygulla, Ralf-Rainer (Hg.): *ACID. Neue amerikanische Szene*. Darmstadt: März 1969.

Burroughs, William S.: *Junkie. Auf der Suche nach Yage. Naked Lunch. Nova Express*. Frankfurt/M.: Zweitausendeins 1972 (1953/1963/1953/1964).

Bylanzky, Ko/Patzak, Rayl (Hg.): *Poetry Slam. Was die Mikrofone halten. Poesie für das neue Jahrtausend.* Groß-Gerau: Ariel 2000.

Dobler, Franz: *Tollwut.* Roman. Berlin: Edition Nautilus 1991.

Ellis, Bret Easton: *American Psycho.* Roman. Köln: Kiepenheuer & Witsch 1991.

Endler, Adolf: *Tarzan am Prenzlauer Berg. Sudelblätter 1981–83.* Leipzig: Reclam 1996.

Fauser, Jörg: *Rohstoff.* Roman. Berlin: Ullstein 1997 (1984).

Fichte, Hubert: *Die Palette.* Frankfurt/M.: Fischer 1981 (1968).

Ginsberg, Allen: *Gedichte.* München/Wien: Carl Hanser 1999.

Goetz, Rainald: *Abfall für alle.* Frankfurt/M.: Suhrkamp 1999.

Handke, Peter: *Publikumsbeschimpfung und andere Sprechstücke.* Frankfurt/M.: Suhrkamp 1966.

Home, Stewart: *Purer Wahnsinn.* Roman. Hamburg: Nautilus 1991 (1989).

Hornby, Nick: *High Fidelity.* Roman. München: Knaur 1998 (1995).

Houellebecq, Michel: *Elementarteilchen.* Roman. Köln: DuMont 1999.

Jelinek, Elfriede: *Lust.* Roman. Reinbek: Rowohlt 1992 (1989).

Kerouac, Jack: *Unterwegs.* Reinbek: Rowohlt 1998 (1957).

Kracht, Christian: *Faserland.* Roman. Köln: Kiepenheuer & Witsch 1995.

Link, Heiner (Hg.): *Trash-Piloten. Texte für die 90er.* Leipzig: Reclam 1997.

Meinecke, Thomas: *Tomboy.* Roman. Frankfurt/M.: Suhrkamp 1998.

Neumeister, Andreas: *Gut laut.* Frankfurt/M.: Suhrkamp 1998.

Neumeister, Andreas/Hartges, Marcel (Hg.): *Poetry! Slam! Texte der Pop-Fraktion.* Reinbek: Rowohlt 1996.

Plenzdorf, Ulrich: *Die neuen Leiden des jungen W.* Frankfurt/M.: Suhrkamp 1976 (1973).

Riha, Karl/Schäfer, Jörgen (Hg.): *DADA total. Manifeste, Aktionen, Texte, Bilder.* Stuttgart: Reclam 1994.

Rühmkorf, Peter: *Die Jahre die Ihr kennt. Anfälle und Erinnerungen.* Reinbek: Rowohlt 1972.

Salinger, Jerome D.: *Der Fänger im Roggen.* Roman. Reinbek: Rowohlt 1966 (1951).

Tuschick, Jamal (Hg.): *Morgenland. Neueste deutsche Literatur.* Frankfurt/M.: Fischer 2000.

Vesper, Bernward: *Die Reise.* Romanessay. Ausgabe letzter Hand. Reinbek: Rowohlt 1983 (1977).

Welsh, Irvine: *Trainspotting.* Roman. Hamburg: Rogner & Bernhard 1996 (1993).

Zaimoglu, Feridun: *Kanak Sprak. 24 Misstöne vom Rande der Gesellschaft.* Hamburg: Rotbuch 1995.

# Register

# eva wissen

Kopp: **Asyl**
Prüfer / Stollorz: **Bioethik**
Redak / Weber: **Börse**
Roloff: **Demographischer Faktor**
Rudhof: **Design**
Nemeczek: **documenta**
Krauß: **Doping**
Schmidt-Semisch / Nolte: **Drogen**
Oswald: **Europa**
Seibert: **Existenzialismus**
Wagner: **Familienkultur**
Hirschmann: **Geheimdienste**
Riewenherm: **Gentechnologie**
Schroedter: **Globalisierung**
Gröndahl: **Hacker**
Metzger: **Islamismus**
Behrens: **Kritische Theorie**
Kiecol: **Männer und Frauen**

Meschnig: **Markenmacht**
Sienknecht: **Menschenrechte**
Lanz / Becker: **Metropolen**
Terkessidis: **Migranten**
Luks: **Nachhaltigkeit**
Arns: **Netzkulturen**
Heitmann: **Neue Weltordnung**
Renner: **1968**
Koch: **New Economy**
Diederichs: **Polizei**
Büsser: **Pop-Art**
Büsser: **Popmusik**
Manzel: **Relativitätstheorie**
Feige: **Science Fiction**
Leyrer: **Sexualität**
Müller: **Sozialismus**
Schuldt: **Systemtheorie**
Sager: **Wasser**

Bildnachweise:
S. 12, 24 © VG Bild-Kunst, Bonn 2001; S. 13 Man Ray Trust, Paris / VG Bild-Kunst, Bonn 2001; S. 36 Candida Höfer / VG Bild-Kunst, Bonn 2001; S. 15, 19, 21 Fred W. McDarrah; S. 16 Gerard Malanga; S. 23, 33, 35, 38, 42 aus: Protest! Literatur um 1968, Deutsches Literatur-Archiv Marbach 1998; S. 28 Sophie Rickett; S. 47/48 Harald Hauswald / Ostkreuz; S. 59 Marily Stroux; S. 85 Thomas Duffé/Rotbuch Verlag, sowie Bilder und Vorlagen aus den Archiven des Autors und des Herausgebers

Leider konnten nicht immer die Fotografen / Rechteinhaber ermittelt werden.
In diesen Fällen sind Autor und Verlag dankbar für Hinweise.
Berechtigte Ansprüche werden im Rahmen des Üblichen abgegolten.

Bibliografische Information Der Deutschen Bibliothek

Die Deutsche Bibliothek verzeichnet diese Publikation in der Deutschen Nationalbibliografie; detaillierte bibliografische Daten sind im Internet über http://dnb.ddb.de abrufbar

© Europäische Verlagsanstalt, Hamburg 2005
© Europäische Verlagsanstalt / Rotbuch Verlag, Hamburg 2001
Umschlag: Bayerl & Ost, Frankfurt am Main
Herstellung: Das Herstellungsbüro, Hamburg
Druck und Bindung: Fuldaer Verlagsanstalt
Alle Rechte vorbehalten
Printed in Germany
ISBN 3-434-46152-3

Informationen zu unseren Verlagsprogrammen finden Sie im Internet unter www.europaeische-verlagsanstalt.de